Werner Mücher

Du bist würdig

Einführung in das Buch der Offenbarung
Mit Begriffswörterbuch

Daniel Verlag

1. Auflage

Lychener Str. 7, OT Retzow
17279 Lychen
www.Daniel-Verlag.de

Satz: Daniel-Verlag
Umschlaggestaltung: Lucian Binder, Marienheide
Druck und Bindung: GGP Media GmbH, Pößneck
Printed in Germany

ISBN: 978-3-935955-51-5

DU BIST WÜRDIG

Einführung in das Buch der

Offenbarung

Mit Begriffswörterbuch

Inhaltsverzeichnis

Vorwort

Dieses Buch ist als eine Einführung in das nicht einfache letzte Buch der Bibel, die Offenbarung, gedacht und absichtlich kurz gehalten. Dankbar habe ich seit vielen Jahren immer wieder Kommentare zur Offenbarung zur Hand nehmen dürfen; nicht zuletzt war mir das Büchlein *Die symbolische Sprache der Offenbarung* von Henri Rossier (Ernst-Paulus-Verlag) eine gute Hilfe. Dieses Büchlein war schließlich auch der Anlass dafür, am Schluss ein Begriffswörterbuch anzufügen, wo einige Symbole erklärt werden. Der Kringel° im Text der Auslegung weist darauf hin, dass der entsprechende Begriff im Anhang 1 erklärt wird.

Für alle, die die Offenbarung gründlich studieren möchten, empfehle ich in Anhang 6 weiterführende Literatur auf Deutsch und Englisch.

Mit diesem Buch möchte ich all denen Mut machen, die sich bisher kaum mit der Offenbarung beschäftigt haben, weil sie (noch) keinen Zugang zu diesem Buch hatten. Es lohnt sich, die Offenbarung zu studieren. Vor einiger Zeit las ich von einem Mann, der sich noch nicht bekehrt hatte, aber die Bibel kennen lernen wollte. Er begann mit der Offenbarung, und obwohl er nicht viel davon verstand, war die Lektüre dieses Bibelbuches doch der Anlass für ihn, seine Knie vor dem Herrn Jesus zu beugen und Ihn als den Herrn seines Lebens anzuerkennen. Sollte die Offenbarung nicht auch uns als Kindern Gottes wichtige Belehrungen geben können?

Es ist mein Wunsch, dass das vorliegende Buch das Interesse am Wort Gottes und insbesondere an der Prophetie fördert und allem voran die Erwartung dessen, der in diesem Buch verheißen hat: „Ich komme bald".

Als Bibelübersetzung habe ich die durchgesehene Elberfelder Bibel (Ausgabe 2005) gebraucht. Der Schwerpunkt dieser Übersetzung liegt auf einer wortgetreuen Wiedergabe des Grundtextes. Die Zitate in diesem Buch sind dieser Übersetzung entnommen.

Marienheide, November 2006
Werner Mücher

Einleitung

Zu Recht ist die Offenbarung das letzte Buch der Bibel, weil sie uns den Abschluss der Wege Gottes mit der Menschheit zeigt und uns einen Ausblick auf einen neuen Himmel und eine neue Erde gewährt. Sie zeigt uns, wie die Bitten des Gebetes, das der Herr Jesus die Jünger gelehrt hat, „dein Reich komme; dein Wille geschehe, wie im Himmel, so auch auf der Erde" (Mt 6,10), erfüllt werden. Gott wird einmal alles neu machen. Doch das geht nicht ohne Gerichte, und deshalb beginnt die Offenbarung mit der Person des Richters (Kap. 1); es folgen sieben Briefe an sieben Gemeinden, die eine prophetische Beurteilung der gesamten Geschichte der Kirche (oder *Gemeinde*; griech. *ekklesia*) Gottes auf der Erde durch den Herrn Jesus enthalten (Kap. 2 und 3). Daran schließt sich ein Blick in den Himmel an, und zwar auf den Thron, das Lamm, die Ältesten und die lebendigen Wesen, die von Engeln umgeben sind (Kap. 4 und 5); dann folgen in den Kapiteln 6–19, unterbrochen durch mehrere Einschübe, die Gerichte; danach wird das tausendjährige Friedensreich erwähnt (Kap. 20), das in den ewigen Zustand einmündet (Kap. 21,1–8). Dann folgt eine Beschreibung des neuen Jerusalem im Friedensreich (Kap. 21,9–22,5). Die Schlussworte finden wir im abschließenden Teil von Kapitel 22. Im Allgemeinen geht man davon aus, dass der Apostel Johannes dieses Buch in den Jahren 90–95 n. Chr. geschrieben hat, also in sehr hohem Alter.

Die sieben Glückseligpreisungen in der Offenbarung

1. Glückselig, der da liest und die da hören die Worte der Weissagung und bewahren, was in ihr geschrieben ist; denn die Zeit ist nahe (1,3).
2. Glückselig die Toten, die im Herrn sterben, von nun an! Ja, spricht der Geist, damit sie ruhen von ihren Arbeiten, denn ihre Werke folgen ihnen nach (14,13).
3. Glückselig, der da wacht und seine Kleider bewahrt, damit er nicht nackt einhergehe und man seine Schande sehe! (16,15).
4. Glückselig, die geladen sind zum Hochzeitsmahl des Lammes! (19,9).
5. Glückselig und heilig, wer teilhat an der ersten Auferstehung! Über diese hat der zweite Tod keine Gewalt, sondern sie werden Priester Gottes und des Christus sein und mit ihm herrschen tausend Jahre (20,6).
6. Glückselig, der die Worte der Weissagung dieses Buches bewahrt! (22,7).
7. Glückselig die, die ihre Kleider waschen, damit sie ein Recht haben an dem Baum des Lebens und durch die Tore in die Stadt eingehen! (22,14).

Kapitel 1

1. Die Offenbarung Jesu Christi, von Gott gegeben; ein Engel hat sie Johannes überbracht, damit er sie den Knechten Gottes bekannt machte (V. 1.2).
2. Glückseligpreisung, Gruß und Lobpreis (V. 3–6).
3. Ankündigung des Kommens Jesu (V. 7).
4. Gott ist der ewige Gott; Johannes soll das Gesicht aufschreiben und es den sieben Gemeinden senden (V. 8–11).
5. Der Richter und die Wirkung seiner Erscheinung auf Johannes (V. 12–18).
6. Johannes soll alles niederschreiben, was er gesehen hat, was ist und was danach geschehen wird (V. 19).
7. Das Geheimnis der 7 Sterne und der 7 Leuchter (V. 20).

Gott hat die Offenbarung dem Menschen Jesus Christus mitgeteilt, damit die Knechte° Gottes (vgl. Amos 3,7) wüssten, was Er in Zukunft tut. Christus sandte einen Engel, der Johannes alles bezeugte. Besondere Glückseligkeit wird denen verheißen, die den Inhalt dieses Buches lesen oder hören und bewahren (insgesamt enthält die Offenbarung sieben Glückseligpreisungen - siehe Seite 10). Die Ereignisse werden als nahe bevorstehend angekündigt; es war Gottes Absicht, dass jede Generation im Verlauf der christlichen Kirche das Wiederkommen Christi erwartete. Mit jedem Tag rückt das Kommen Jesu Christi näher.

Dann folgt - wie es zu Beginn eines Briefes üblich war - der Gruß des Johannes. Er richtet sich an 7 Gemeinden in Asien[1]. Der Gruß kommt von Gott als dem, der da ist, der da war und der da kommt (Gegenwart, Vergangenheit, Zukunft), vom Heiligen Geist (in seiner Mannigfaltigkeit als 7 Geister° angedeutet) und von Jesus Christus, insgesamt also vom dreieinen

---

1 Das ist die damalige römische Provinz Kleinasien, heute ein Gebiet in der West-Türkei.

Gott. Jesus Christus war (a) auf der Erde der treue Zeuge, ist (b) jetzt als der Auferstandene der Erstgeborene° der Toten und wird (c) in Zukunft als der Fürst der Könige der Erde erscheinen (wieder Vergangenheit, Gegenwart, Zukunft).

Johannes erinnert sich dankbar an die Vergebung der Sünden durch das Blut Christi, indem er alle Gläubigen mit einschließt, und stimmt einen großartigen Lobpreis an. Alle Gläubigen sind Könige und Priester (siehe dazu die Ältesten° in Kapitel 4).

Danach wird das für alle sichtbare Kommen Christi angekündigt, was vor allem beim Volk Israel zu echter Trauer und Buße führen wird (vgl. Sach 12,10–14). Gott ist das Alpha° und das Omega (α und ώ sind der erste und der letzte Buchstabe des griechischen Alphabets): Anfang und Ende jeder Offenbarung. Er ist der HERR (hebr. *Jahwe* = der *Ewige*), der Bundesgott Israels, Gott (hebr. *Elohim*), der Schöpfer des Universums, der immer ist und war und sein wird (wieder Gegenwart, Vergangenheit, Zukunft), und der Allmächtige° (hebr. *Schaddai*), wie Er zum ersten Mal Abraham erschienen ist (1Mo 17). Das sind drei bedeutende Namen Gottes im Alten Testament.

Nun beginnt Johannes mit der Beschreibung der Visionen, nachdem er zuvor erwähnt hat, dass er auf der Insel Patmos – das ist eine kleine Insel im Ägäischen Meer – in der Verbannung ist. Er soll alles, was er sah, in ein Buch schreiben und an 7 Gemeinden in Kleinasien schicken. Als er sich umwendet, sieht er den Richter, der die in diesem Buch beschriebenen Gerichte ausführen wird, und zwar wie Er inmitten von 7 goldenen Leuchtern° – ein Bild der 7 Gemeinden in Kleinasien – umhergeht.

Die Eigenschaften Christi als Richter in den Versen 13–16:

1	„Gleich dem Sohn° des Menschen“: Als Sohn des Menschen besitzt und richtet der Herr Jesus das ganze Universum (Ps 8). Gott führt seine Gerichte durch Ihn als Menschen aus (Joh 5,27; Apg 17,31).
2	„Angetan mit einem bis zu den Füßen reichenden Gewand“: Priestergewand; der Hohepriester reinigte z. B. den Leuchter und brachte Räucherwerk° dar (2Mo 30,7.8).
3	„An der Brust umgürtet mit einem goldenen Gürtel“: Göttliche Herrlichkeit und Gerechtigkeit Christi in seinem Handeln damals auf der Erde, in Zukunft in seinem Handeln als Richter.
4	„Sein Haupt und seine Haare waren weiß wie weiße Wolle, wie Schnee“: Bild der Reinheit. „Weiß“ kommt 15 x in der Offenbarung vor. Weißes Haar ist außerdem ein Bild der Würde des Alters und der Erhabenheit.
5	„Seine Augen° wie eine Feuerflamme“: Durchdringende Einsicht Christi entsprechend der Heiligkeit Gottes, vor der nichts verborgen ist; Er sieht und richtet alles entsprechend seiner Einsicht (vgl. Ps 11,4).
6	„Seine Füße gleich glänzendem Kupfer, als glühten sie im Ofen“: Symbol der Gerechtigkeit, die der Hitze des Gerichts standhält. Er wurde als Mensch im Feuer des Gerichts erprobt.
7	„Seine Stimme wie das Rauschen vieler Wasser“: sein majestätisches Reden (vgl. Ps 29,3–9 – siebenmal die Stimme des HERRN; siehe auch Ps 93,4).
8	„Er hatte in seiner rechten Hand sieben Sterne°“: Die Rechte ist das Bild der Kraft. Die Sterne sind die 7 Engel der 7 Gemeinden (V. 20). Sterne verbreiten himmlisches Licht.
9	„Aus seinem Mund geht hervor ein scharfes, zweischneidiges Schwert°“: Das Gericht entspricht dem Wort Gottes (Heb 4,12; Eph 6,17); das Wort wird die Menschen richten (Joh 12,48; vgl. Offb 19,13.15).
10	„Sein Angesicht war, wie die Sonne° leuchtet in ihrer Kraft“: Höchste Autorität und Herrlichkeit Christi als Richter (Mal 3,20; Mt 17,2; vgl. Offb 20,11).

Als Johannes den Herrn Jesus sieht, fällt er wie tot zu seinen Füßen nieder. Wie ganz anders hatte er Ihn während seines Lebens auf der Erde gekannt. Der Herr richtet ihn auf, stellt sich Ihm als der Auferstandene vor und nennt sich den Herrn über den Tod und den Hades°. Dann sagt Er ihm, dass er alles aufschreiben solle („was du gesehen hast, was ist und was nach diesem geschehen wird“). Damit gibt uns Vers 19 eine Dreiteilung der Offenbarung (siehe Anhang 2: Überblick über das Buch der Offenbarung). Zum Geheimnis der *Sterne*, *Leuchter* und *Engel* siehe das Begriffslexikon am Ende des Buches.

Kapitel 2 und 3

Nun folgen 7 Briefe - sie werden allgemein *Sendschreiben* genannt - an die bereits in Kapitel 1 erwähnten 7 Gemeinden in Kleinasien. Sie enthalten neben den damaligen geschichtlichen Tatsachen auch eine prophetische Bedeutung; wir finden hier nämlich die Geschichte der christlichen Kirche auf der Erde während nun bald 2000 Jahren. Die prophetische Auslegung dieser beiden Kapitel wird von manchen zwar bestritten, ist aus meiner Sicht jedoch zwingend. Dazu 7 Argumente, die das untermauern:

1. In Kapitel 1,3 ist von *Weissagung* die Rede, und das bezieht sich auf das ganze Buch der Offenbarung.
2. In Kapitel 1,19 bedeutet „was ist" die gesamte Zeit der Christenheit.
3. Die 7 Briefe bilden eine Einheit (7), vgl. dazu die 7 Feste des HERRN in 3. Mose 23 und die 7 Gleichnisse in Matthäus 13 (beide Kapitel haben ebenfalls eine prophetische Bedeutung).
4. Jeweils am Ende der Sendschreiben heißt es: „Wer ein Ohr hat, höre, was der Geist den Versammlungen [oder: Gemeinden] sagt", der Inhalt gilt also für alle Gläubigen zu allen Zeiten.
5. In den letzten vier Sendschreiben gibt es Hinweise auf das Kommen Jesu; diese Gemeindetypen bleiben daher bis zu seinem Kommen bestehen.
6. In Kapitel 3,10 wird die Stunde der Versuchung° erwähnt, die über den ganzen Erdkreis kommen wird.
7. Der Inhalt hat auffallend viele Parallelen zur Geschichte der Kirche.

Die 7 Sendschreiben auf einen Blick:

	Gemeinde	Kapitel	Bedeutung des Namens	Zeitabschnitt während der Kirchengeschichte	Beschreibung Christi (vgl. Kap. 1)	Charakteristisches der einzelnen Gemeinden
1	Ephesus	2,1-7	Luststadt (eine Freude für Gott)	Anfangszeit der Kirche; Beginn des Verfalls (30-100)	7 Sterne in seiner Rechten, wandelnd inmitten der 7 Leuchter	Erstes Abweichen der Gemeinde; Verlassen der ersten Liebe
2	Smyrna	2,8-11	Myrrhe (Wohlgeruch durch Leiden)	Zeit der Verfolgung der Kirche (100-300)	Der Erste und der Letzte, der da starb und lebendig wurde	Der Herr prüft die Kirche. Satan als brüllender Löwe
3	Pergamus	2,12-17	Hochburg (wo Satan wohnt)	Zeit der Christianisierung des Abendlandes seit Konstantin dem Großen (300-600)	Der das scharfe, zweischneidige Schwert hat	Satan als Engel des Lichts. Die Kirche stellt sich unter den Schutz der Welt
4	Thyatira	2,18-29	Opfertor, oder: ich verderbe	Zeit der röm.-kath. Kirche, Papsttum im Mittelalter (600-1500)[2] - Beginn unter Gregor I. d. Gr. (Papst von 590-604)[3]	Der Sohn Gottes, der Augen hat wie eine Feuerflamme, Füße gleich glänzendem Kupfer	Die Kirche herrscht über die Welt
5	Sardes	3,1-6	Übriggebliebener	Zeit des Protestantismus und Pietismus (1500-1750)	Der die 7 Geister Gottes hat und die 7 Sterne	Ein Überrest aus Thyatira, der röm.-kath. Kirche
6	Philadelphia	3,7-13	Bruderliebe	Zeit einer besonderen weltweiten Erweckung (1750-1900)	Der Heilige und Wahrhaftige, der den Schlüssel Davids hat	Trennung eines Überrests, sowohl aus Thyatira als auch aus Sardes
7	Laodizea	3,14-22	Volksrecht o. Volksentscheidung	Das christliche Zeugnis in seiner Endphase (1900 - Kommen Christi)	Der Amen, der treue und wahrhaftige Zeuge, der Anfang der Schöpfung Gottes	Das Licht Philadelphias wird abgelehnt oder ist wieder verloren gegangen

Nun die Sendschreiben im Einzelnen.

---

2 Bei den Zeitangaben sehen wir davon ab, dass die letzten vier Gemeinden bis zum Kommen Jesu bestehen bleiben, da ja sein Kommen in diesen vier Sendschreiben angekündigt wird.

3 Als erster Papst ordnete *Gregor I. d. Gr.* die Verwaltung der ausgedehnten päpstlichen Ländereien völlig neu und legte damit den Grund zum späteren Kirchenstaat. Er gilt als der erste Papst, der tatsächlich über die gesamte Kirche herrschte. Nach dem Fall des Römischen Reichs dauerte

Das Sendschreiben an Ephesus (Kap. 2,1–7)

1. Der Herr hält die 7 Sterne in seiner Rechten und wandelt inmitten der 7 goldenen Leuchter (V. 1).
2. Er prüft seine Gemeinde und lobt zuerst das Anerkennenswerte: Werke, Arbeit, Ausharren, Trennung vom Bösen und die Prüfung falscher Apostel waren vorhanden (V. 2.3).
3. Er tadelt das Verlassen der ersten Liebe, fordert zu Buße und Rückkehr zu den ersten Werken auf (V. 4.5a).
4. Tun sie keine Buße, folgt Gericht - der Herr erkennt an, dass sie die Werke der Nikolaiten hassten (V. 5b.6).
5. Aufforderung zu hören und Verheißung für den Überwinder (V. 7).

Der Herr selbst prüft den Zustand seiner Gemeinde, die Er sich erworben hat. Er erkennt zuerst einmal die Werke an, die Mühe und das Ausharren. Auch Trennung vom Bösen war da, und falsche Apostel° wurden zurückgewiesen. Diese Gemeinde war bereit, für Christus zu leiden, und wurde dabei nicht müde. Wir sehen hier die Frische der Gemeinde Gottes im ersten Jahrhundert, als die Apostel noch lebten. Doch schon in dieser Zeit gab es Anzeichen des Verfalls. Der Herr tadelt die Gläubigen, weil sie Ihm nicht mehr den ersten Platz in ihrem Herzen gaben; ihre Liebe zu Ihm war abgekühlt. Die *erste Liebe* bezieht sich nicht so sehr auf die Liebe in der Zeit nach der Bekehrung, sondern darauf, dass sie die höchste Priorität im Leben eines Gläubigen besitzt.

Der Herr nennt das Verlassen der ersten Liebe ein *Fallen* und fordert die Gläubigen auf, Buße° zu tun (Gläubige müssen Buße tun, wenn sie abweichen! - vgl. Kap. 2,16.21; 3,3.19).

---

der Kampf um die Vorherrschaft zwischen den Päpsten und den deutschen Kaisern an. Im 12. Jh. erlangte Papst *Innozenz III.* (1198–1216) die absolute Gewalt über ganz Europa. Niemand konnte Herrscher sein ohne die Zustimmung des Papstes.

Heute wissen wir, dass die Christenheit nie mehr zur Frische des Anfangs zurückgekehrt ist. Der Herr griff daher mit Gericht ein; Er selbst hat den Leuchter° von Ephesus weggenommen, d. h. dass die Gemeinde an diesem Ort aufhörte zu bestehen. Anerkennend erwähnt Er noch, dass sie die Werke der Nikolaiten° hassten.

Nach der allgemeinen Aufforderung, auf das zu hören, was der Geist den Gemeinden sagt - das gilt für alle Gläubigen zu allen Zeiten –, folgt eine Verheißung für den einzelnen Überwinder, der inmitten des Niedergangs gegen allen Widerstand das Böse überwindet, die Belehrungen zu Herzen nimmt und entsprechende Konsequenzen daraus zieht: Das ist die Rückkehr zur ersten Liebe. Es ist jederzeit möglich, dass der Einzelne ein Leben in Gottesfurcht führt und dem Herrn nachfolgt, auch wenn die Gesamtheit abweicht. Hat der Herr das prophetische Wort nicht zu dem Zweck gegeben, dass sein Volk das Abweichen erkennt, Ihm bekennt und zu Ihm umkehrt?

Der Lohn des Überwinders besteht im Essen vom Baum° des Lebens, der im Paradies Gottes steht. Dieser Baum ist der Herr selbst, und das Paradies Gottes ist der Ort der Freude und der ungetrübten Gemeinschaft mit dem Herrn.

Das Sendschreiben an Smyrna (Kap. 2,8–11)

1. Der Herr als der Erste und der Letzte, als der Gestorbene und Auferstandene (V. 8).
2. Er kennt alle Bedrängnisse und Nöte der Seinen. Sie waren äußerlich arm und mittellos, doch geistlich reich. Er kennt die falschen Anschuldigungen der Juden (V. 9).
3. Die Gläubigen brauchen sich nicht zu fürchten; hinter den Menschen, die sie verfolgen und misshandeln, steht der Teufel; doch letztlich werden sie von Gott erprobt und gezüchtigt. Ihre Drangsal ist zeitlich begrenzt. Märtyrer erhalten die Krone des Lebens (V. 10).
4. Aufruf zu hören und Verheißung für den Überwinder (V. 11).

Dieses Sendschreiben ist das kürzeste und enthält wie das Sendschreiben an Philadelphia keinen Tadel. Smyrna ist die Zeit der Kirche im 2. und 3. Jahrhundert, eine Zeit der Verfolgungen der Gläubigen. Diesen schwer geprüften Gläubigen stellt der Herr sich als der Erste und der Letzte vor, als der, der keinen Anfang und kein Ende hat. Die Namen *Erster* und *Letzter* sind mit seiner ewigen Gottheit verbunden. Außerdem war Er als Mensch gestorben; Er gewaltsam zu Tode gebracht worden. Doch Er war auch auferstanden.

Sie sollten wissen, dass Er sie kannte und ihre Drangsal in seiner Hand hatte; Er ließ sie nicht nur zu, sondern bewirkte sie sogar (Amos 3,6). In der Zeit Smyrnas haben viele ihr Leben für den Herrn gelassen.[4] Er ist ihnen nicht nur vorangegangen, sondern wird sie auch auferwecken. Was war das für ein Trost für die Gläubigen der damaligen Zeit, solch einen Herrn zu haben.

Niemand kannte ihre Bedrängnisse und Verfolgungen so gut wie Er; niemand konnte so mitempfinden, weil niemand solch eine Bedrängnis erfahren hat. Er empfand ihre Armut – Er selbst war ihretwegen arm geworden (2Kor 8,9). Trotz äußerer Armut an materiellen Gütern hatten sie großen geistlichen Reichtum. Sind nicht im Herrn Jesus alle Schätze der Weisheit und der Erkenntnis verborgen (Kol 2,2.3)? Die Lästerungen (Verleumdungen) von Juden waren für die Gläubigen sehr schmerzlich. Diese Lästerer waren ihrer Volkszugehörigkeit nach Juden, doch keine Juden im eigentlichen Sinn, „sondern der ist ein Jude, der es innerlich ist" (Röm 2,29). Wären sie gottesfürchtig gewesen, hätten sie die Gläubigen nicht verleumdet und verraten. So erwiesen sie sich als eine Synagoge (= Sammlung oder Anhän-

[4] Es gibt Schätzungen, wonach im 2. Jahrhundert etwa 1 Million Christen als Märtyrer gestorben sind.

[5] Im Jahr 167/168 wurde der Aufseher von Smyrna, Polykarp, auf dem Scheiterhaufen verbrannt. Angeblich waren Juden an seiner Ermordung beteiligt; Juden sollen sogar mitgeholfen haben, Holz zusammenzutragen.

ger) Satans.[5] Es ist auch möglich, dass wir bei „Juden" an eine Gruppe von Christen denken müssen, die judaistische Lehren in die frühe Christenheit einführten und die frühen Christen unter den Judaismus bringen wollten (vgl. den Brief an die Galater, wo Paulus sich gegen diese tödliche Gefahr wandte).

Hinter allem Widerstand steht der Teufel° (griech. *diabolos* = Durcheinanderwerfer), der das Werk Gottes durcheinander bringen will. Er kann letztlich aber nur das tun, was Gott zulässt und wodurch Er seine Ziele verfolgt: „... damit ihr geprüft werdet". Der Herr selbst saß am Schmelztiegel der Leiden und suchte sein Volk zurechtzubringen, suchte das Böse auszuscheiden (vgl. 1Pet 4,12; Spr 17,3). Wie tröstlich ist es für Gläubige zu wissen, dass denen, die Gott lieben, alle Dinge zum Guten mitwirken (Röm 8,28).

Auch weiß der Herr im Voraus, wie lange eine Prüfung anhält; hier ist von 10 Tagen die Rede. Manche Ausleger denken dabei an die 10 großen Verfolgungen im 2. und 3. Jahrhundert, wovon die letzte unter dem römischen Kaiser Diokletian genau 10 Jahre dauerte, von 303 bis 313 n. Chr. Danach hörten die Verfolgungen unter den römischen Kaisern auf. Der Herr fordert die Seinen zur Treue auf, so wie Er selbst der Anfänger und Vollender des Glaubens war (Heb 12,2). Das Ende einer treuen Nachfolge bis hin zum Märtyrertum ist nicht der Tod, sondern die Auferstehung, wovon die Krone° des Lebens ein Bild ist.

Der Lohn des Überwinders hier ist die Verheißung, dass er – wenn er auch den leiblichen Tod erleidet – niemals den zweiten, ewigen Tod, die nie endende Verdammnis, die ewige Trennung von Gott erfahren wird. Das Gericht der ewigen Verdammnis hat Gott für ihn abgewendet, weil Jesus Christus, der Sohn der Liebe Gottes, auf Golgatha sein Gericht getragen hat.

Das Sendschreiben an Pergamus (Kap. 2,12–17)

1. Der Herr hat das scharfe, zweischneidige Schwert (V. 12).
2. Die Gläubigen wohnen beim Thron Satans – dennoch Festhalten am Namen Jesu und dem Glauben an Ihn (V. 13).
3. Festhalten der Lehre Bileams: weltliche Verbindungen des Volkes Gottes (Hurerei) und Einführung böser Grundsätze und okkulter Einflüsse (Götzendienst) (V. 14).
4. Festhalten an der Lehre der Nikolaiten und nicht nur an ihren Werken (V. 15).
5. Aufforderung zur Buße und Verheißung für den Überwinder (V. 16.17).

Die Zeit von Pergamus erstreckt sich vom Jahr 313 bis etwa zum Jahr 600. Der Herr stellt sich als Richter vor, der die Verbindung der Gemeinde mit der Welt verurteilt, denn Er ist es, der das scharfe, zweischneidige Schwert hat. Die Zeit von Pergamus begann damit, dass der römische Kaiser Konstantin der Große im Jahr 313 zum Christentum übertrat. Es ist eine Frage, ob von einer echten Bekehrung die Rede sein kann. Er machte das Christentum zur Staatsreligion und zwang seine Untergebenen zur Taufe. Massen ungläubiger Menschen wurden dem Namen nach Christen. Der römische Kaiser wurde das Oberhaupt der Kirche und blieb zugleich der heidnische Oberpriester, der Pontifex Maximus (das ist noch heute ein Titel des Papstes). Das hatte zur Folge, dass sich das Christentum sehr stark mit der Welt verband. Die Kirche wurde in ihren Interessen und Zielen der Welt immer ähnlicher. Sie wohnte dort, wo der Thron° des Satans war, dort, wo Satan als Fürst der Welt seine Macht ausübte.

Während dieser Zeit gab es treue Zeugen, die den Namen des Herrn (seine Person, insbesondere seine Gottheit und Menschheit) und den Glauben an Ihn nicht verleugneten; Antipas (dieser Name bedeutet *gegen alle*) wird namentlich als ein Zeuge genannt; er starb als Märtyrer. Hierzu ist auch Augustinus (*354, †430, Bekehrung 386, Taufe 387; ab 395

Bischof von Hippo Regius) zu zählen. Er kämpfte gegen eine ganze Reihe von Irrlehren. Einige dieser Irrlehren, die während der Zeit von Pergamus aufkamen und von treuen Zeugen bekämpft wurden, waren der Arianismus[6], der Apollinarianismus[7] und der Nestorianismus[8].

Der Herr tadelt das Festhalten an der Lehre Bileams° und dass solche in Pergamus waren, die die Lehre der Nikolaiten° festhielten. Nach der Aufforderung zur Buße droht Er Krieg an - nicht mit der Gesamtheit der Gemeinde, sondern mit denen, die diesen bösen Lehren anhingen. Viele Ausleger sehen darin die Kriege des aufkommenden Islam mit der maroden Christenheit im 7. Jahrhundert (die Parallele zur heutigen Zeit ist nicht zu übersehen).

Der Überwinder bekommt als Verheißung das verborgene Manna, ein Bild vom Herrn Jesus als Nahrung für das Volk Gottes während der Wüstenreise. Der Überwinder in Pergamus hatte sich geweigert, von den Götzenopfern zu essen, darum wird er sich von Christus ernähren. Außerdem wird ihm ein weißer Stein° verheißen, auf dem ein neuer Name steht.

---

6 Der Arianismus leugnete die Gottheit Jesu; er ist eine faule Frucht des Gnostizismus, ein Synkretismus aus christlichen Lehren und jüdischer und griechischer Philosophie. Arius war zuerst Presbyter und später Bischof in Alexandria, * ca. 280, † 336. Obwohl Konstantin ein Arianer war, verteidigte der griechische Kirchenvater Athanasius (* ca. 295, † 373) während des 1. Konzils im Jahr 325 in Nizäa die Wesensgleichheit Christi mit Gott.

7 Der Apollinarianismus leugnet die Menschheit Christi. Apollinarios war Bischof von Laodizea († ca. 390) und stritt gegen den Arianismus. Er lehrte, dass der Sohn Gottes sich in Christus mit einem belebten, aber der Geistseele entbehrenden Menschenleib vereinigt habe.

8 Der Nestorianismus machte aus dem Herrn zwei Personen. Nestorius war Presbyter in Antiochien, ab 428 Patriarch in Konstantinopel. Er lehrte, dass die göttliche und die menschliche Natur in Christus voneinander getrennt seien.

Das Sendschreiben an Thyatira (Kap. 2,18–29)

1. Der Herr als der Sohn Gottes – Augen wie eine Feuerflamme, Füße wie glänzendes Kupfer (V. 18).
2. Anerkennung der guten Dinge: Werke, Liebe, Glaube, Dienst und Ausharren (V. 19).
3. Thyatira duldet die heidnische, götzendienerische Frau Isebel, die sich eine Prophetin nennt; sie verführt die treuen Knechte Gottes, Hurerei zu treiben und Götzenopfer zu essen (V. 20).
4. Aufforderung zur Buße (V. 21).
5. Sonst folgt Gericht: Krankheit, Bedrängnis für die Ehebrecher, Töten der Kinder und gerechte Bestrafung entsprechend den Werken Isebels (V. 22.23).
6. Ein Überrest wird verschont; die Gläubigen sollen das, was sie haben, bis zum Kommen des Herrn festhalten; erste Erwähnung des Kommens des Herrn in den Sendschreiben (V. 24.25).
7. Verheißung für den Überwinder (V. 26–28).
8. Aufforderung zu hören (V. 29).

Die Zeit Thyatiras ist die Zeit des Mittelalters, etwa von 600 bis 1500, wo die Kirche mehr und mehr politischen Einfluss in ganz Europa ausübte. Die unheilige Vermischung der Kirche mit der Welt, die in Pergamus ihren Anfang genommen hatte, setzte sich fort. Stand in Pergamus die Kirche unter dem Schutz weltlicher Herrschaft, so übte sie jetzt in Thyatira Herrschaft über die Welt aus. Von der himmlischen Berufung der Kirche war nichts mehr zu sehen.

Der Herr stellt sich hier als der Sohn Gottes vor und nicht als der Sohn der Maria, deren Verehrung die Verehrung Christi zunehmend verdrängte. Allein auf Ihn als den Sohn des lebendigen Gottes ist die Gemeinde gebaut, nicht auf Petrus, den angeblich ersten Papst. Der Herr weiß die Werke, die Liebe, den Glauben, den Dienst und das Ausharren zu schätzen. Es gab während der Zeit des Mittelalters viele hingebungsvolle Gläubige wie die Waldenser, die Albigenser, die Lollarden und schließlich neben vielen anderen später auch im auslaufenden Mittelalter die böhmischen Brüder. Dann tadelt Er die Duldung Isebels (die historische Isebel war die böse Frau Ahabs

– 1. und 2. Könige). Sie prophezeite, lehrte und verführte zu Hurerei und Götzendienst. Zu Beginn dieser Zeit entwickelten sich wesentliche Punkte der katholischen Theologie wie die „heilsnotwendigen" 7 Sakramente (Taufe, Abendmahl, Kommunion, Buße, die letzte Ölung, Priesterweihe, Ehe), dann die Stoffverwandlungslehre (Transsubstantiation – die Verwandlung von Brot und Wein beim Abendmahl in den wirklichen Leib und das Blut des Herrn), der Mariendienst (Verehrung Marias als Mutter Gottes), das Beten zu Heiligen und die Verehrung von Reliquien (nahtloser Leibrock, Kruzifixe aus dem Holz des Kreuzes usw.), das Fegefeuer und der Ablass (Kauf der Sündenvergebung durch Bußhandlungen oder Geld).

Der Herr gab der Kirche Zeit zur Buße, doch diese Zeit verstrich ungenutzt. Er wird Thyatira in ein Bett werfen, d. h. aufs Krankenlager legen, und die Könige der Erde, die Hurerei mit ihr verübt haben, in große Drangsal bringen. Das ist ein Hinweis auf das Gericht, das an der Hure vollzogen werden wird (Offb 17 und 18). „Ihre Kinder" sind die Kinder Isebels, das sind Personen, die ihre Stellung dem verdorbenen System verdanken; sie erwartet nur das Gericht. Dennoch wird jeder letztlich ganz individuell nach seinen Werken gerichtet.

Es gibt hier einen treuen Überrest; zum ersten Mal wird eine Gruppe treuer Menschen von der Gesamtheit unterschieden. Der Herr ermutigt sie, das festzuhalten, was sie haben, und zwar bis zu seinem Kommen. Dem Überwinder verheißt Er Herrschaft über die Völker, die Thyatira zu Unrecht und zur Unzeit an sich gerissen hatte. Die Verse 26 und 27 sind eine Anspielung auf Psalm 2,8.9 und beziehen sich auf die Herrschaft des Messias im Friedensreich; außerdem bekommt der Überwinder den Morgenstern°.

Das Sendschreiben an Sardes (Kap. 3,1–6)

1. Der Herr hat die 7 Geister Gottes und die 7 Sterne: Er hat alle Autorität in der Gemeinde. Nichts Anerkennenswertes, diese Gemeinde ist tot (V. 1).

2. Die Verantwortlichen sollen wachsam sein und das Übrige stärken (V. 2).
3. Aufforderung zur Buße, sonst kommt der Herr wie ein Dieb (V. 3).
4. Ein treuer Überrest erhält sich rein; zu ihm wird der Herr sich bekennen (V. 4).
5. Verheißung für den Überwinder (V. 5).
6. Aufforderung zu hören (V. 6).

Beim Sendschreiben an Sardes (etwa die Zeit von 1500–1750) geht es nicht so sehr um die Reformation, die ein Werk des Geistes Gottes war, sondern um das, was sich politisch daraus entwickelt hat, nämlich der *Protestantismus*. Der Protestantismus war das, was Menschen aus diesem Werk Gottes gemacht haben. Schon früh überschnitten sich geistliche Anliegen der Reformatoren mit politischen Interessen einiger Landesherren. Als im Jahr 1555 der Augsburger Religionsfriede geschlossen wurde, war danach das Bekenntnis des jeweiligen Landesherrn maßgebend für die Untertanen. Die Religion wurde von Staats wegen bestimmt, was für die weitere Entwicklung nicht gut war.

Der Herr stellt sich hier als der vor, der die 7 Geister° Gottes hat, also alles bis auf den Grund erforscht. Die 7 Sterne° in seiner Hand sind führende kirchliche Persönlichkeiten, die Ihm Rechenschaft schuldig sind. Er kennt die Werke von Sardes; sein vernichtendes Urteil lautet: Du bist *tot*. Hier ist kein Leben vorhanden, sondern nur ein Bekenntnis; die Werke mögen noch so zahlreich sein, sie zählen nicht. Der Herr fordert zur Buße° auf, und zwar auf dem Hintergrund dessen, was Sardes einmal durch die Reformation von Ihm empfangen und gehört hatte. Dann droht Er als Konsequenz überraschendes Gericht an.

Auch hier in Sardes gibt es einen Überrest, der sich unbefleckt erhalten hat; der Wandel der Gläubigen war tadellos. Dabei kann man an den Pietismus denken, an treue Männer wie Gerhard Tersteegen, Philipp Jakob Spener, August Hermann Francke und Nikolaus Graf von Zinzendorf, um nur einige wenige zu nennen. Als Belohnung werden weiße Kleider (Reinheit und Gerechtigkeit) in Aussicht gestellt. Diese Belohnung wird den Überwindern noch einmal zugesagt, so auch, dass ihre Namen nicht aus dem Buch° des Lebens ausgelöscht werden. Aus Kirchenbüchern wurden ihre Namen oft gestrichen, doch in der himmlischen Welt wird der Herr ihre Namen bekennen, Er braucht sich ihrer nicht zu schämen.

Das Sendschreiben an Philadelphia (Kap. 3,7–13)

1. Der Herr als der Heilige und Wahrhaftige, der Türen öffnet und schließt (V. 7).
2. Er kennt ihre Werke; wegen ihrer kleinen Kraft hat Er ihnen eine geöffnete Tür gegeben, die niemand schließen kann. Sie haben sein Wort bewahrt und seinen Namen nicht verleugnet (V. 8).
3. Er wird Menschen aus der Synagoge Satans zwingen, sich vor ihnen niederzuwerfen (V. 9).
4. Er bewahrt sie vor den Gerichten, weil sie das Wort seines Ausharrens bewahrt haben (V. 10).
5. Verheißung seines baldigen Kommens und Aufforderung, das festzuhalten, was sie haben (V. 11).
6. Verheißung für den Überwinder (V. 12).
7. Aufforderung zu hören (V. 13).

Das Sendschreiben an Philadelphia beschreibt die Zeit der Erweckung etwa von der Mitte des 18. Jahrhunderts an, wo unzählige Gläubige die Erstarrung der Staatskirchen überwanden, sie oft auch verließen und einfach nach dem Wort Gottes handelten. Der Brief hat manche Parallele mit dem Brief an Smyrna, in dem der Herr ebenfalls nichts tadelt.

Der Herr stellt sich hier als der Heilige und Wahrhaftige vor. Diese Gemeinde hat den Herrn als den Heiligen und Wahrhaftigen kennen gelernt; hier finden sich Trennung vom Bösen und sorgfältiges Untersuchen des Wortes Gottes. Der Herr ist es, der ihr eine geöffnete Tür gegeben hat. Der Charakter Philadelphias ist ausschließlich positiv:

a) Bruderliebe: nicht mehr und nicht weniger als Brüder, die sich lieben und beieinander wohnen (vgl. Ps 133);
b) eine kleine Kraft, weshalb der Herr eine geöffnete Tür gegeben hat;

c) sein Wort bewahrt: Gehorsam und Liebe zum Wort Gottes - nichts vom Wort weggenommen oder ihm hinzugefügt;
d) seinen Namen nicht verleugnet: Anerkennung der Autorität Christi in allen Lebensbereichen.

Bei der Synagoge Satans scheint es zuerst einmal um unbekehrte Juden zu gehen, die sich wie in Smyrna fanatisch den Christen widersetzten. Dadurch waren sie Instrumente in der Hand Satans, eine Synagoge Satans. Wie tief war das Judentum gesunken, dass es zu einem Handlanger Satans geworden war! Der Herr hat den Apostel Paulus durch seine Gnade von diesem Weg errettet. Diese Menschen werden sich vor Philadelphia niederbeugen (vgl. Jes 60,14). Angewandt auf die heutige Christenheit, handelt es sich um bloße Bekenner, die ein religiöses System nach jüdischem Muster errichtet haben. Solche Systeme stützen sich auf Traditionen, Vorschriften und Zeremonien, die unbekehrte Menschen gern erfüllen. Sie geben vor, Juden zu sein, also das wahre Volk Gottes, die wahre Kirche, doch in Wirklichkeit bilden sie ein System, das von Satan beherrscht wird, eine Synagoge Satans.

In Vers 10 folgt eine besondere Verheißung: Der Herr wird diese Gläubigen vor der *Stunde der Versuchung*° bewahren.[9] Die Stunde der Versuchung bezieht sich auf die letzte Jahrwoche (= 7 Jahre) aus Daniel 9,24–27, die zwischen der Entrückung und der Errichtung des Friedensreiches stattfinden wird.[10] Als Grund dafür gibt der Herr an, dass sie das Wort

9 „Vor der Stunde der Versuchung°" (*ek tes horas tou peirasmou*): Verfechter der Lehre, dass die Gläubigen doch noch die (oder einen Teil der) Zeit der großen Drangsal miterleben werden, wollen die Präposition *ek* hier mit „aus" übersetzen, was zwar im Allgemeinen die richtige Wiedergabe von *ek* ist, aber an dieser Stelle durchaus nicht den Sinn trifft. Dann würde man hier vielmehr die Präposition „in" oder „durch" erwarten. Wenn man schon „aus" übersetzen will, dann in dem Sinn von „aus [den Gefahren]", was aber in dem Fall tatsächlich besser mit „vor" übersetzt wird. Vergleiche hierzu folgende Stellen: „Jesus, der uns errettet von [*ek*] dem kommenden Zorn" (1Thes 1,10); „sondern dass du sie bewahrest vor [*ek*] dem Bösen" (Joh 17,15); „wenn ihr euch davor [*ek*] bewahrt" (Apg 15,29).

10 Siehe Anhang 3 - Reihenfolge der prophetischen Ereignisse.

seines Ausharrens bewahren, denn der Herr wartet mit Ausharren darauf, sie heimholen zu können (vgl. 2Thes 3,5). Dann bestätigt Er, dass Er bald kommt, und fordert sie auf, das festzuhalten, was sie haben. Andernfalls würden sie ihre Krone verlieren.

Dem Überwinder verheißt Er, dass er ihn zu einer Säule im Tempel Gottes machen wird. Auf der Säule wird der Name seines Gottes stehen: Der Überwinder wird den Gott des Herrn Jesus als seinen Vater kennen. Außerdem wird darauf der Name der Stadt Gottes stehen, des neuen Jerusalem, das aus dem Himmel hernieder kommt (vgl. Heb 13,14). Schließlich wird auf der Säule ein neuer Name des Herrn Jesus stehen; das ist ein Hinweis auf eine ganz persönliche Beziehung des Überwinders zum Herrn.

Das Sendschreiben an Laodizea (Kap. 3,14–22)

1. Der Herr ist der Amen, der treue und wahrhaftige Zeuge und der Anfang der Schöpfung Gottes (V. 14).
2. Er beginnt mit einem Tadel: Laodizea ist weder kalt noch warm (V. 15).
3. Ankündigung des Gerichts: Er wird Laodizea ausspeien (V. 16).
4. Laodizea ist blind, meint reich zu sein und nichts zu bedürfen, ist aber elend, jämmerlich, arm, blind und nackt (V. 17).
5. Die Heilmittel: Gold, weiße Kleider und Augensalbe (V. 18).
6. Der Herr überführt und erzieht die wahren Gläubigen in dieser Gemeinde (V. 19a).
7. Aufforderung zur Buße und Bitte um Einlass beim Einzelnen zum Abendbrot (V. 19b.20).
8. Verheißung für den Überwinder (V. 21).
9. Aufforderung zu hören (V. 22).

Mit Laodizea kommt die Geschichte der christlichen Kirche zu ihrem Ende. Hier bietet sich ein äußerst trauriger Anblick. Doch bevor der Herr Laodizea anspricht, stellt Er sich als der Amen (o. der Treue, die Wahrheit) vor; Er ist der Erfüller aller Verheißungen (2Kor 1,20). Auch ist Er der treue und wahrhaftige Zeuge: Da, wo die Gemeinde als Zeugin versagt, bleibt Er der treue Zeuge (1,5). Außerdem ist Er der Anfang der Schöpfung Gottes, d. h. der Anfang einer neuen Schöpfung, die Er ins Leben gerufen hat und deren Erstlingsfrucht die Gemeinde Gottes ist.

Er kennt den Zustand Laodizeas durch und durch: Hier findet sich Lauheit, Gleichgültigkeit und Neutralität. Deshalb wird der Herr diese lauen Bekenner ausspeien (wörtl. *erbrechen*). Bei Laodizea findet sich abstoßender Hochmut: Die Gläubigen meinen, dass sie reich und reich geworden seien und nichts bedürfen, sie sind übersättigt. Der Herr hat hier keinen Platz, Er steht draußen und bittet um Einlass. In seinen Augen sind sie elend (o. bedürftig), jämmerlich (o. erbarmungswürdig), arm (an geistlichen Reichtümern), blind (für den eigenen Zustand und die Erkenntnis Gottes) und schließlich nackt (ihre vermeintlichen Kleider konnten sie nicht bedecken). Noch gibt es Heilung beim Herrn. Dort können sie Gold (göttliche Herrlichkeit und Gerechtigkeit), weiße Kleider und Augensalbe kaufen, und das ohne Kaufpreis (Jes 55,1).

Trotz des großen Abweichens vom Herrn wendet Er sich solchen zu, die Er liebt. Das sind wiedergeborene Gläubige in dieser Gemeinde. Er überführt sie von der Sünde und züchtigt (erzieht) sie auf liebevolle Weise. Er will sie vom Bösen befreien. Der Gemeinde insgesamt ruft Er zu, Buße° zu tun. Wie lange gibt es noch Heilung für sie? In Laodizea steht der Herr draußen. Er bemüht sich jedoch weiter um Einzelne: Er klopft an ihre Herzenstür und erbittet Einlass. Wer auf seine Stimme hört und die Tür öffnet, zu dem kommt Er hinein und isst mit ihm das Abendbrot - das ist die letzte Möglichkeit der Gemeinschaft mit dem Herrn, bevor die Nacht der Gerichte beginnt.

Dem Überwinder verheißt Er, mit Ihm auf seinem Thron zu sitzen, d. h. zu herrschen. Zum Schluss folgt die Aufforderung zu hören. Prophetisch endet damit die Zeit der Gnade.

Kapitel 4

1. Der geöffnete Himmel - Johannes soll hinaufkommen (V. 1).
2. Im Himmel steht der Gerichtsthron Gottes (V. 2.3).
3. Die 24 Ältesten sitzen auf Thronen (V. 4).
4. Der Thron ist von Blitzen, Stimmen, Donnern und Feuerfackeln umgeben (V. 5).
5. Das gläserne Meer und die 4 lebendigen Wesen (V. 6–8).
6. Die lebendigen Wesen rufen die Heiligkeit Gottes aus und geben Ihm Ehre (V. 9).
7. Die Ältesten fallen nieder und beten Gott an (V. 10.11).

Die Kapitel 4 und 5 sind eine Einleitung zu den Gerichten, eine Szene im Himmel. Hier finden wir die Vorbereitungen für die Errichtung des Reiches Christi auf der Erde. Diese Kapitel geben eine Antwort auf die Frage: Wer kann die Gerichte ausführen?

Im Hinaufsteigen des Johannes in den Himmel können wir einen Hinweis auf die Entrückung aller wahren Gläubigen sehen (1Thes 4,14–18), die am Ende der christlichen Heilsepoche stattfinden wird, und zwar vor den Gerichten (vgl. 3,10). Johannes sah Dinge, die auch heute noch zukünftig sind (vgl. die Dreiteilung der Offenbarung in Kap. 1,19). Als Erstes sieht er einen Thron° im Himmel. Es ist Gott, der auf dem Thron sitzt, doch offenbart in dem Menschen Jesus Christus; deshalb hat Gott Ihm auch als dem Sohn des Menschen Gewalt gegeben, Gericht zu halten (Joh 5,26.27; Apg 17,31), und alle Macht (Mt 28,18) übergeben. Die beiden Edelsteine Jaspis und Sardis spiegeln seine Herrlichkeit als Schöpfer wider (vgl. 21,10.11). Er ist es, der alles durch seine Regierung aufrechterhalten hat und im Begriff steht, die Erde durch Gericht zu reinigen. Dabei weist der Regenbogen° in der Farbe eines Smaragds auf seine Verheißungen hin. Gott hat damals nach der Sintflut den Regenbogen gegeben, damit die Menschen sich an seine Verheißung, die Erde nie wieder durch eine Flut zu vernichten, erinnern (1Mo 9).

Die 24 Ältesten° sind ein Bild all der Heiligen, die bei der Entrückung auf der Erde lebten, und derer, die in dem Augenblick auferstanden - sowohl aus der Zeit von Adam bis Pfingsten als auch von Pfingsten bis zur Entrückung. Sie werden mit Christus das Gericht und die sich daran anschließende Herrschaft ausüben, da sie Priester (weiße Kleider) und Könige (goldene Kronen°) sind (vgl. 1,6; 1Pet 2,5.9). Angsteinflößende Erscheinungen (Blitze°, Stimmen und Donner°) gehen vom Thron Gottes aus. Der Geist Gottes wird in seiner siebenfachen Wirksamkeit als Feuerfackeln gesehen (vgl. Kap. 1,4); das Feuer° ist ein Bild der verzehrenden Heiligkeit Gottes (Heb 12,29), in der Christus das Gericht ausführen wird. Vor dem Thron sieht Johannes ein gläsernes Meer°, hier nicht mit Feuer vermischt (vgl. 15,2). Die Heiligen vor dem Thron brauchen das Wasser der Reinigung nicht mehr, da sie nun vollkommen sündlos sind.

Dann sieht Johannes 4 lebendige Wesen°, die voller Augen sind und je 6 Flügel° haben. Das sind Kennzeichen von Engeln, sie symbolisieren aber zugleich Eigenschaften Gottes bzw. des Herrn Jesus:

- Löwe (der König der Tiere) = Stärke
- Stier = Ausdauer
- Mensch = Geist, Einsicht
- Adler° = Schnelligkeit

Diese Eigenschaften sind auch kennzeichnend für die Gerichte. Die lebendigen Wesen wachen über die Heiligkeit Gottes, indem sie Tag und Nacht rufen: Heilig, heilig, heilig. Sie preisen Gott als *Jahwe* (Ewiger), als *Elohim* (Schöpfergott) und als *Schaddai* (Allmächtiger) (vgl. Kap. 1,8) und als den, der da war und der da ist und der da kommt, als den Unwandelbaren, der sich nie ändert und immer derselbe ist, sowohl in seiner Heiligkeit und Gerechtigkeit als auch in seiner Liebe und Gnade zu den Menschen. Letztendlich dienen die Gerichte der Befreiung der Gerechten und der Einführung des Reiches der Gerechtigkeit und des Friedens. Die lebendigen Wesen bringen Gott Herrlichkeit, Ehre und Danksagung dar. Die 24 Ältesten° stimmen in die Anbetung Gottes ein und werfen ihre Kronen° vor dem Thron nieder.

Vers 11 bestätigt noch einmal, dass es Gott ist, der auf dem Thron sitzt, repräsentiert durch Jesus Christus. Er ist der Sohn des Menschen und zugleich der ewige Sohn Gottes und der Schöpfer (vgl. Joh 1,1-3; Kol 1,15; Heb 1,3).

Kapitel 5

1. Der auf dem Thron sitzt, hat ein versiegeltes Buch (V. 1).
2. Wer ist würdig, das Buch zu öffnen? Niemand, weder im Himmel noch auf der Erde (V. 2.3).
3. Der Löwe aus Juda kann das Buch öffnen (V. 4.5).
4. Er ist das Lamm wie geschlachtet; das Lamm hat 7 Hörner und 7 Augen und nimmt das Buch in Empfang (V. 6.7).
5. Die lebendigen Wesen und die Ältesten fallen vor dem Lamm nieder – die Ältesten haben Harfen und Räucherwerk und singen ein neues Lied (V. 8–10).
6. Die Engel, die lebendigen Wesen und die Ältesten erheben das Lamm (V. 11.12).
7. Alle Geschöpfe stimmen in den Lobpreis für das Lamm ein (V. 13.14).

Auf dem Thron sitzt Gott (Kap. 4), jedoch repräsentiert durch den Herrn Jesus, der Gott offenbart hat. Er ist das Bild Gottes (Kol 1,15). In seiner Rechten hat Er ein von innen und außen beschriebenes Buch°, das versiegelt ist. Es erinnert an eine Besitzurkunde. Dabei geht es um die Frage: Wem gehört die Erde? Durch den Sündenfall ist sie in den Herrschaftsbereich des Teufels° gekommen, des Fürsten der Welt (Joh 12,31; 14,30; 16,11). Als der Herr Jesus das Erlösungswerk auf dem Kreuz vollbrachte, kaufte Er die Erde und die Menschen auf ihr zurück. Gott hat in seinem Plan festgelegt, dass im Friedensreich in Christus Himmel und Erde unter ein Haupt zusammengebracht werden (Eph 1,10). Er allein ist würdig, das Buch zu öffnen und seine 7 Siegel zu brechen. Durch die Frage des Engels fällt alle Aufmerksamkeit auf die Würde Jesu. Der Rückkauf der Erde beinhaltet auch, dass sie durch Gericht gereinigt wird, damit sie für die Segnungen Gottes im Friedensreich passend wird.

Weil niemand gefunden wird, der das Buch öffnen oder anblicken kann, weint Johannes. Doch dann kommt einer der 24 Ältesten° – die Einsicht in die Pläne Gottes haben – zu ihm und sagt ihm, dass er nicht zu weinen brauche. Da sei jemand, der alle Hindernisse, alle Widerstände seitens Satans überwunden habe: der Löwe aus dem Stamm Juda. Der Löwe ist der König der Tiere und daher ein Bild vom Herrn Jesus als dem König der Könige (Offb 17,14). In 1. Mose 49,9.10 finden wir den ersten Hinweis auf Ihn als Löwen aus dem Stamm Juda. Dort wird Er auch *Schilo* (= der Ruhebringende, der Friedenschaffende) genannt. Außerdem ist Er die Wurzel° Davids. Er wird das Buch öffnen, seine Siegel brechen und Gottes Pläne der Erlösung im Blick auf die Erde vollenden.

Johannes sieht in der Mitte des Thrones ein Lamm° stehen wie geschlachtet. Das Lamm ist ein Symbol für den Herrn Jesus als Mensch auf der Erde, wie Er gewaltsam von Menschen zu Tode gebracht wurde. Zugleich hat Gott Ihn als Lamm gegeben, damit Er die Sünde der Welt wegnähme (Joh 1,29). Nun steht Er im Begriff, seine Macht anzutreten und die dazu erforderlichen Gerichte auszuführen. Der Thron ist von 4 lebendigen Wesen° und 24 Ältesten° umgeben. Sie sind an den nun hereinbrechenden Gerichten beteiligt. Die 7 Hörner° sind ein Symbol für die Allmacht Christi als König und die 7 Augen° ein Symbol für seine Allwissenheit. Zugleich weisen die 7 Augen auf den Heiligen Geist hin, durch den der Herr das Gericht ausführen wird.[11] Danach kommt Er und nimmt das Buch aus der Hand dessen, der auf dem Thron sitzt. Dazu haben wir eine Parallele in Daniel 7,13.14: „Ich schaute in Gesichten der Nacht: Und siehe, mit den Wolken des Himmels kam einer wie eines Menschen Sohn [Christus als Mensch]; und er kam zu dem Alten an Tagen [Christus als ewiger Gott] und wurde vor ihn gebracht. Und ihm wurde Herrschaft und Herrlichkeit und Königtum gegeben, und alle Völker, Völkerschaften und Sprachen dienten ihm; seine Herrschaft ist eine ewige Herrschaft, die nicht vergehen wird, und sein Königtum ein solches, das nie zerstört werden wird."

[11] In den Tagen seines Erdenlebens hat der Herr durch den Heiligen Geist sowohl Dämonen ausgetrieben (Mt 12,28) als auch das Erlösungswerk vollbracht (Heb 9,14).

In dem Augenblick, als das Lamm das Buch nimmt, beten die 4 lebendigen Wesen° und die 24 Ältesten° das Lamm an. Außerdem haben die Ältesten° Harfen und goldene Schalen° voller Räucherwerk°. Mit den Harfen begleiten sie den Lobgesang, und das Räucherwerk in den goldenen Schalen ist ein Bild der Gebete der Heiligen, die zu der Zeit auf der Erde sind (vgl. Kap. 7). Zur Zeit des Alten Testaments wurde Räucherwerk von den Priestern dargebracht. In Psalm 141,2 betet David, dass Gott sein Gebet wohlgefällig als Räucherwerk annehmen möge. Es geht nicht um die Gebete der Ältesten° selbst und ihre eigenen Belange, sondern um die Gebete der Heiligen, die während der Zeit der Gerichte auf der Erde sind und dann zu Gott rufen. In Verbindung mit der Darbringung des Räucherwerks singen die Ältesten° ein neues Lied, mit dem sie das Lamm und seine Würde erheben. Sie singen davon, dass das Lamm die Siegel öffnen wird, weil es geschlachtet worden ist und aus allen Völkern Menschen für Gott erkauft und zu Königen und Priestern gemacht hat, die ebenfalls über die Erde herrschen werden. Die Ältesten° denken in diesen Augenblicken nicht an sich selbst, sondern an die Heiligen, die auf der Erde sind und die sie priesterlich vertreten.

Nun weitet sich der Lobpreis aus: Johannes hört die Stimme vieler Engel. Es heißt nicht, dass sie singen - Singen ist wohl allein erlösten Menschen vorbehalten –, doch sie erheben das Lamm, und zwar insbesondere 7 Eigenschaften: Macht, Reichtum, Weisheit, Stärke, Ehre, Herrlichkeit und Segnung. Danach stimmen alle Geschöpfe im Himmel und auf der Erde mit ein: Sie erheben den, der auf dem Thron sitzt, und das Lamm und bringen Ihm 4 Herrlichkeiten dar: Segnung, Ehre, Herrlichkeit und Macht, und das von Ewigkeit zu Ewigkeit. Die lebendigen Wesen bekräftigen das Lob mit einem Amen; die Ältesten° fallen in Ehrfurcht nieder und beten an. Die Worte der Anbetung werden nicht erwähnt; es mag sein, dass sie ihre Anbetung nicht in Worte fassen können.

Kapitel 6

1. Das Lamm öffnet nacheinander die Siegel; viermal ruft ein lebendiges Wesen: „Komm!" (V. 1).
2. Vier Pferde ziehen nacheinander aus: ein weißes, ein feuerrotes, ein schwarzes und ein fahles (V. 2–8).
3. Märtyrer unter dem Altar rufen Gott um Rache an; sie sollen noch eine kleine Zeit warten, bis ihre Mitknechte und Brüder als Märtyrer gestorben sind (V. 9–11).
4. Erdbeben und Zeichen an Sonne, Mond und Sternen; der Himmel entweicht, Berge und Inseln werden weggerückt (V. 12–14).
5. Panik der Menschen aus Furcht vor dem Lamm und dem Tag seines Zorns (V. 15–17).

Nach der prophetischen Schau der Kirchengeschichte (Kap. 2 und 3) und einem Blick in den Himmel (Kap. 4 und 5), wo wir den Thron Gottes und das Lamm sowie die Ältesten° und die lebendigen Wesen° gesehen haben, beginnen mit Kapitel 6 die Gerichte. Mit den Siegelgerichten befinden wir uns in der Zeit zwischen der Entrückung der Gemeinde und dem Friedensreich.[12]

Das Lamm öffnet nacheinander die 7 Siegel. Es ist der Herr Jesus als das Lamm, der durch Gerichte die Erde reinigt. An der Ausübung der Gerichte sind die 4 lebendigen Wesen° beteiligt: Bei den ersten 4 Siegelgerichten ruft jeweils eins der lebendigen Wesen „Komm!", wonach jeweils ein Reiter auf einem Pferd erscheint.

---

[12] Diese Zeit ist die letzte Jahrwoche des Propheten Daniel (Kap. 9,24–27), die 7 Jahre dauert. Diese 7 Jahre teilen sich in zwei gleiche Zeitabschnitte von jeweils 3½ Jahren auf. In die ersten 3½ Jahre fallen die Siegelgerichte (vgl. Mt 24,4–14), in die letzten 3½ Jahre die Posaunen- und die Schalengerichte (Offb 8; 9; 16); siehe auch Anhang 3.

Beim **ersten Siegel** erscheint ein Reiter auf einem weißen Pferd°, der einen Bogen[13] in der Hand hat und eine Krone° empfängt; ihm wird Sieg verliehen (6,1.2.). Die Beschreibung ist so allgemein, dass wir nicht sagen können, wer der Reiter ist und was für ein Gebiet es ist, das er auf schnelle Weise erobert. Diese Eroberung geschieht ohne großes Blutvergießen. Es hat viele Vermutungen gegeben, wer der Eroberer sein könnte, in keinem Fall ist es Christus, der später auf einem weißen Pferd aus dem Himmel geritten kommt (19,11ff.). Christus benutzt diesen Eroberer zur Erfüllung seiner Ziele.

Die Siegelgerichte

	Verse	Symbol	Ereignis
1	6,1.2	Weißes Pferd	Aufkommen eines gewaltigen Herrschers, der auf friedliche Weise sehr stark wird.
2	6,3.4	Feuerrotes Pferd	Der Friede wird von der Erde weggenommen. Es entstehen Revolten, Bürgerkriege, Anarchien und Terrorismus.
3	6,5.6	Schwarzes Pferd	Waage, Hungersnot. Wirtschaftliche Zusammenbrüche, Geldinflation, Verknappung der Grundnahrungsmittel.
4	6,7.8	Fahles Pferd	Tod und Hades, Hunger und wilde Tiere. Massensterben durch Hunger und Seuchen.
5	6,9-11	Altar	Die Märtyrer der ersten 3½ Jahre rufen um Rache.
6	6,12-17	Sonne, Mond, Sterne	Ordnungsgefüge zerbrechen.
7	8,1-5	7 Engel - 7 Posaunen	Der Hohepriester gibt den Gebeten Kraft.

Beim **zweiten Siegel** kommt ein Reiter auf einem feuerroten Pferd (6,3.4). Dem Reiter wird gegeben, dass er den Frieden von der Erde wegnimmt, außerdem wird ihm ein großes

[13] Kampf auf Entfernung, kein Nahkampf mit dem Schwert.

Schwert (eig. Schlachtmesser) gegeben: eine Zeit der Bürgerkriege, des Terrorismus und der Anarchie. Die Menschen schlachten sich gegenseitig ab. Bevor echter Friede kommen kann, gibt es eine Zeit entsetzlichen Hasses.

Beim **dritten Siegel** kommt ein Reiter auf einem schwarzen Pferd°; in der Hand hat er eine Waage° (6,5.6). Schwarz ist die Farbe des Todes und der Trauer. Ein Chönix (ca. 1,1 l) Weizen ist so teuer, dass ein Weizenbrot umgerechnet ca. € 70,-- kostet[14], ein Gerstenbrot ein Drittel davon. Öl und Wein sind einerseits Luxusgüter und wurden anderseits für medizinische Zwecke gebraucht (vgl. Lk 10,34), beides können sich nur die Reichen leisten. Es ist eine Zeit von Hungersnöten, Inflation und Wirtschaftszusammenbrüchen.

Beim **vierten Siegel** erscheint ein Reiter auf einem fahlen Pferd° (6,7.8). Hier wird zum ersten Mal der Reiter mit Namen genannt: der Tod. Ihm folgt der Hades°. Beide bekommen Gewalt, den vierten Teil der Erdbevölkerung zu töten. Nimmt man das Viertel wörtlich, bedeutet das ein Massensterben von mehr als 1,5 Milliarden Menschen. Die Zahl° 4 ist die Zahl der Erde, aller 4 Himmelsrichtungen. Es geht also um weltweite Katastrophen. Das Massensterben geschieht durch 4 Gerichte Gottes: (a) gewaltsamen Tod, (b) Hunger, (c) Pest (Seuchen) und (d) wilde Tiere (Grausamkeiten); vgl. Hesekiel 14,21.

Beim **fünften Siegel** sieht Johannes unter einem Altar die Seelen der gestorbenen und noch nicht auferweckten Gläubigen, die aus Treue zum Wort Gottes und um ihres Zeugnisses (griech. *martyria*) willen, das sie über Gott abgelegt hatten, gewaltsam zu Tode gekommen waren (6,9–11). Sie rufen Gott um Rache für ihre Ermordung an (vgl. Ps 94,1-3; 149,7). Für einen christlichen Märtyrer ist der Ruf nach Rache nicht angebracht (vgl. Apg 7,60), doch in dieser Zeit entspricht der

[14] Dieser Rechnung liegt zugrunde, dass der Verdienst eines Tagelöhners ein Denar ist; bei einem Monatsgehalt von ca. € 1500,-- ist der Verdienst pro Tag € 50,--.

Racheruf der Absicht Gottes, der Rache an seinen Feinden, die auf der Erde wohnen°, üben wird. Die Märtyrer bekommen ein weißes Gewand°. Ihnen wird gesagt, dass sie warten sollen, bis weitere Märtyrer getötet wären, solche, die in der Zeit der großen Drangsal° umkommen würden. Die kleine Zeit der Ruhe für die Märtyrer endet, wenn sie zu Beginn des Friedensreiches auferweckt werden (20,4-6).

Beim **sechsten Siegel** sieht Johannes, wie ein großes Erdbeben° geschieht (6,12–17). Es ist nicht von ungefähr, dass die nun folgenden Katastrophen unmittelbar auf den Ruf der Märtyrer folgen. Die Sonne° wird schwarz wie ein härener[15] Sack, der Mond° wie Blut, und die Sterne° fallen auf die Erde. All das müssen wir symbolisch verstehen, denn ein einziger Stern, der auf die Erde fiele, würde die Erde aus ihrer Bahn ins Weltall schleudern. Schließlich entweicht der Himmel wie eine Buchrolle: Die gesamten irdischen Ordnungsgefüge brechen zusammen, Berge° und Inseln° werden von ihren Stellen weggerückt; Machtgefüge und Wirtschaftsmächte werden erschüttert.

Alle Menschen - Hochgestellte, Reiche und Sklaven - werden in Schrecken und Angst versetzt: Sie verbergen sich in Höhlen und flehen die Felsen und Berge° an, sie zu bedecken. Sie wissen, dass es das Lamm - der damals verworfene König Israels - ist, das nun seinen Zorn[16] auf die Erde ergießt und das Gericht über die gesamte Erdbevölkerung bringt. Der Tag seines Zornes beginnt mit den Posaunengerichten ab Kapitel 8, doch zuvor wird uns in Kapitel 7 ein Blick auf das gnädige Handeln Gottes mit den Menschen gezeigt, die Er in der dunkelsten Phase der Menschheitsgeschichte rettet.

---

15 Ein härener Sack war aus schwarzem Ziegenhaar gefertigt.

16 Vor diesem Zorn werden die Gläubigen bewahrt (1Thes 1,9.10). Die Stelle im 1. Brief an die Thessalonicher ist ein bemerkenswerter Hinweis auf die Entrückung vor den Gerichten.

Kapitel 7

1. An den 4 Ecken der Erde halten 4 Engel die 4 Winde der Erde fest, damit die Erde, das Meer und die Bäume nicht beschädigt werden. Ein Engel von Osten ruft den 4 Engeln zu, dass sie warten sollen, bis die Knechte Gottes versiegelt sind (V. 1-3).
2. Aus dem Volk Israel werden 144.000 versiegelt (V. 4–8).
3. Eine große Volksmenge aus allen Völkern steht vor dem Thron und dem Lamm (V. 9–12).
4. Ein Engel erklärt Johannes, dass die große Volksmenge aus der großen Drangsal kommt (V. 13–15).
5. Das Lamm wird diese Menschen weiden und zu frischem Wasser führen; Gott wird jede Träne von ihren Augen abwischen (V. 16.17).

Kapitel 6 endet mit dem Hinweis auf die furchtvolle Erwartung des Zornes des Lammes. Kapitel 7 gibt eine Antwort auf die Frage: Welche Menschen werden das Ende dieser Zeit lebend erreichen? Die Gerichte der großen Drangsal können so lange nicht losbrechen, wie die 4 Engel sie zurückhalten, die Gewalt über die 4 Winde° der Erde haben. Dann sieht Johannes einen anderen Engel° von Sonnenaufgang heraufsteigen; viele Ausleger sehen darin den Herrn Jesus (vgl. 8,3; 10,1). Es heißt von Ihm, dass Er das Siegel des lebendigen Gottes hat. Damit versiegelt Er gottesfürchtige Juden - hier *Knechte° Gottes* genannt - aus den verschiedenen Stämmen. Bis dahin sollen die 4 Engel die Erde, das Meer° und die Bäume° nicht beschädigen.

Im folgenden Abschnitt (V. 4–8) wird die Anzahl der Versiegelten aus Israel genannt: 144.000, aus jedem Stamm 12.000. Ich denke, dass diese Zahlen symbolisch zu verstehen sind.[17] In dieser Aufzählung fehlen die Stämme Ephraim und Dan; da-

[17] Die Zeugen Jehovas verdrehen - und das nicht nur an dieser Stelle - das Wort Gottes zu ihrem eigenen Verderben, indem sie meinen, dass die 144.000 Versiegelten eine besonders elitäre Gruppe aus ihrem Kreis sei.

für wird Joseph erwähnt. Ephraim und Dan sind die Stämme, die früher besonders mit dem Götzendienst verbunden waren (Hos 4,17; 12,15; Ri 18). Das bedeutet jedoch nicht, dass es keine Daniter oder Ephraimiter im Friedensreich gäbe; ihre Erbteile werden in Hesekiel 48 erwähnt. Gott wird aus allen Stämmen seines irdischen Volkes Menschen in den entsetzlichen Gerichten bewahren; es ist allein seine Gnade, aufgrund derer Er das zustande bringt. Diese Geretteten aus Israel sind es, die schließlich die Gesamtheit des Volkes repräsentieren: „... und so wird *ganz Israel* errettet werden" (Röm 11,26).

Doch es gibt nicht nur aus dem Volk Israel Menschen, die Gott erlösen wird, sondern auch aus allen Nationen, Stämmen, Völkern und Sprachen - es sind nicht wenige: eine große Volksmenge, die niemand zählen konnte (V. 9–17). Obwohl diese Menschen sich auf der Erde befinden, werden sie so gesehen, als wären sie im Himmel vor dem Thron Gottes und des Lammes. Auch sie tragen wie die Märtyrer in Kapitel 6,11 weiße Gewänder°, die sie im Blut des Lammes gewaschen haben. Ihre Gerechtigkeit gründet sich auf das Sühnungswerk Jesu Christi. In ihren Händen halten sie Palmen als Zeichen des Sieges. Sie haben der schrecklichen Verführung durch das Tier (Offb 13) getrotzt und sind Gott und dem Lamm treu geblieben.

Mit lauter Stimme preisen sie Gott und das Lamm (V. 10). Sie schreiben die Ursache für ihre Errettung allein Gott und dem Lamm zu. Gott hat sie von Grundlegung der Welt an auserwählt, das Reich zu empfangen: „Dann wird der König zu denen zu seiner Rechten sagen: Kommt her, Gesegnete meines Vaters, erbt das Reich, das euch bereitet ist von Grundlegung der Welt an" (Mt 25,34). Auch für diese Menschen gilt, dass Gott sie in seiner souveränen Gnade auserwählt hat;[18]

[18] Sie gehören nicht zu den Menschen, die „*vor* Grundlegung der Welt" auserwählt sind. Das trifft nur für die Gläubigen zu, die zur Gemeinde gehören und die ein ewiges, himmlisches Teil besitzen (siehe Joh 17,24; Eph 1,4); allein die Gläubigen der Gemeinde werden einen Platz im Vaterhaus haben (Joh 14,1–3).

auch für sie ist das Lamm am Kreuz gestorben und hat dort sein Blut für sie vergossen.

Es ist ein feierlicher Augenblick, wenn die große Volksmenge Gott und das Lamm für die Errettung preist (V. 10–12). Der Lobpreis geschieht angesichts aller Engel, der Ältesten° und der 4 lebendigen Wesen°. Für sie ist das der Anlass, niederzufallen und Gott anzubeten. Sie bekräftigen den Lobpreis Gottes mit einem „Amen!“ und erweitern ihn mit einer siebenfachen Segnung, womit sie Gott erheben: Segnung, Herrlichkeit, Weisheit, Danksagung, Ehre, Macht und Stärke.[19] Sie schreiben Gott diese Eigenschaften für alle Ewigkeit zu und schließen mit einem „Amen“.

Ein Ältester° lenkt die Aufmerksamkeit des Johannes auf die Personen der großen Volksmenge, die mit weißen Gewändern bekleidet sind, und fragt ihn, ob er wisse, wer die Menschen sind und woher sie kommen. Auf die Antwort des Johannes hin, dass er, der Älteste, es wisse, bekommt er eine ausführliche Beschreibung dieser Menschen:

1. Sie kommen aus der großen Drangsal.
2. Sie haben ihre Gewänder° gewaschen und im Blut des Lammes weiß gemacht.
3. Sie sind vor Gott, der auf seinem Thron° sitzt.
4. Sie dienen Gott Tag und Nacht in seinem Tempel°.
5. Gott wird sein Zelt über ihnen errichten.
6. Sie werden nicht mehr hungern noch dürsten.
7. Weder die Sonne noch irgendeine Glut wird auf sie fallen.
8. Das Lamm in der Mitte des Thrones wird sie weiden und zu Quellen mit Lebenswasser leiten.
9. Gott wird jede Träne von ihren Augen abwischen.

Obwohl Kapitel 7 zeitlich zwischen den Siegelgerichten der ersten 3½ Jahre nach der Entrückung und dem Beginn

[19] Es sind bis auf die *Danksagung* dieselben Ausdrücke, die wir auch in Offenbarung 5,12 finden, dafür wird dort *Reichtum* erwähnt.

der großen Drangsal einzuordnen ist, enthält es doch einen Ausblick auf die Menschen, die lebend das Ende der großen Drangsal erreichen. Gottes Gnade wird sich mächtig darin erweisen, dass Er Menschen während dieser Zeit bewahrt. Wenn die Zeit der großen Drangsal nicht auf 3½ Jahre begrenzt würde, würde kein Fleisch - wie der Herr Jesus in Matthäus 24,22 gesagt hat - errettet werden.

So finden wir in diesem Kapitel die 144.000 Versiegelten aus Israel und die große Volksmenge aus allen Völkern. Sie werden unvorstellbar großes Elend kennen gelernt haben. Die Not und die Botschaft des Evangeliums des Reiches (Mt 24,14) haben sie veranlasst, sich vor Gott als Sünder zu erkennen und im Glauben zum Blut des Lammes Zuflucht zu nehmen. Sie haben die vergebende Gnade Gottes und die Rechtfertigung durch das Blut Jesu erfahren. Das befähigt sie, in die Gegenwart Gottes, der auf seinem Thron sitzt, zu treten. Wer anders könnte das tun als solche Menschen, die Ruhe und Frieden in ihrem Herzen haben? Der Thron ist in der Offenbarung der Thron der Regierung und des Gerichts. Christus wird sowohl die Regierung als auch das Gericht ausüben.

Außerdem dienen die Geretteten Gott zu jeder Zeit in seinem Tempel. Diese Menschen werden, obwohl sie nicht zur Gemeinde gehören, Gott als Priester dienen. Sie befinden sich auf der Erde, obwohl man den Eindruck haben könnte, sie seien im Himmel. Aufgrund der Erlösung sind sie so in die Gegenwart Gottes gebracht, dass der Unterschied zwischen Erde und Himmel gleichsam aufgehoben ist.

Sie haben Hunger und Durst kennen gelernt. Schon in den vorhergehenden Jahren waren viele Menschen durch große Hungersnöte umgekommen (vgl. 6,7.8). Sonne und Glut bezeichnen hier die Hitze der großen Drangsal, die an den Feuerofen erinnert, in den die drei Freunde Daniels geworfen wurden (Dan 3). Diese geretteten Menschen werden den Schutz Gottes erfahren, der sein Zelt über ihnen errichten wird. Wie wohltuend wird das für sie sein. Wie süß ist die Freude nach einer Zeit großer Leiden. Schließlich wird das Lamm sich ihrer als der gute Hirte annehmen - Er, der die Mitte der Regierung Gottes ausmacht -, sie weiden und zu Quellen mit Lebenswasser leiten (vgl. Ps 23,2).

Gott selbst lässt es sich nicht nehmen, die Spuren der Trauer aus ihrem Gesicht wegzunehmen. Was für ein Ausblick auf die Zartheit Gottes, mit der Er sich dieser Menschen und ihrer schweren Erlebnisse annehmen wird. Gott wird sie trösten, wie jemand von seiner Mutter getröstet wird (Jes 66,13). Dasselbe lesen wir noch einmal von Gott, wenn Er nach der Neuschaffung von Himmel und Erde den Menschen auf der neuen Erde die Tränen abwischen wird (21,4).

Kapitel 8

1. Öffnen des 7. Siegels; ein Schweigen im Himmel - 7 Engel empfangen 7 Posaunen (V. 1.2).
2. Ein anderer Engel gibt den Gebeten der Heiligen Kraft; danach füllt er das Räucherfass mit Feuer und wirft es auf die Erde (V. 3–5).
3. Nacheinander posaunen die ersten 4 Engel (V. 6–12).
4. Ein Adler fliegt durch den Himmel und ruft wegen der folgenden 3 Posaunengerichte ein dreifaches Wehe über die Bewohner der Erde aus (V. 13).

Die ersten 6 Siegel sind in Kapitel 6 geöffnet worden, nun folgt nach einer Unterbrechung in Kapitel 7 das Öffnen des 7. Siegels, und dieses Siegel eröffnet die 7 Posaunengerichte. Daraufhin beginnt im Himmel ein Schweigen von einer halben Stunde. Es ist die Ruhe vor dem Sturm. Die folgenden Gerichte werden furchtbar sein; sie finden in der schwärzesten Zeit statt, die es je auf der Erde gegeben hat: in der Zeit der großen Drangsal° (vgl. Mt 24,15–22).

Johannes sieht 7 Engel, denen 7 Posaunen° gegeben werden. Zwischen den Siegelgerichten und den Posaunengerichten besteht ein enger Zusammenhang, da die Posaunengerichte ja aus den Siegelgerichten hervorkommen. Geschahen die Siegelgerichte in der Vorsehung Gottes, so werden die Menschen bei den Posaunengerichten deutlich die Stimme Gottes hören - sie ist nicht zu überhören.

Bevor die Engel posaunen, tritt ein Engel°, der eine hohepriesterliche Funktion ausübt, an den Brandopferaltar[20]; daher ist die Schlussfolgerung berechtigt, dass der Engel ein Bild von Chris-

[20] Wenn der Altar ohne einen Zusatz genannt wird, ist es immer der Brandopferaltar.

tus als Hoherpriester ist.[21] Er hat ein Räucherfass, außerdem wird ihm viel Räucherwerk° gegeben, damit Er den Gebeten der Heiligen, die während der großen Drangsal auf der Erde sind (vgl. 13,7–10), Kraft verleihe. Das Räucherwerk steigt vom goldenen Altar° mit den Gebeten zu Gott empor. Schließlich füllt der Engel das Räucherfass mit Feuer und wirft es auf die Erde. Dann entstehen Stimmen, Donner°, Blitze° und ein Erdbeben°. Es ist der Herr selbst, der das Gericht ausübt (Joh 5,27; Apg 17,31). Doch bevor Er richtet, verwendet Er sich für die Heiligen auf der Erde. Dadurch wird deutlich, dass das Gericht eine Antwort auf die Gebete der Heiligen sein wird.

Die Posaunengerichte auf einen Blick:

	Kapitel	Gericht
1	8,7	**Hagel° und Feuer°, mit Blut** vermischt, werden auf die Erde geworfen - der 3. Teil der Erde und Bäume° verbrennt, ebenfalls alles Gras°.
2	8,8.9	Ein **brennender Berg°** stürzt ins Meer - der 3. Teil des Meeres wird zu Blut - der 3. Teil der Schiffe wird zerstört.
3	8,10.11	Ein **brennender Stern** mit Namen Wermut fällt auf den dritten Teil der Ströme und auf die Wasserquellen - der 3. Teil des Wassers wird bitter. Viele Menschen sterben daran.
4	8,12	Der **3. Teil der Gestirne** wird verfinstert, so auch der 3. Teil des Tages und der Nacht.
5	9,1–11	Die **nicht versiegelten Menschen** (= gottlose Juden) werden vom Assyrer (= König des Nordens) gequält.
6	9,12–21	**Verderbliche Einflüsse** aus dem Orient - der 3. Teil der Menschen wird getötet.
7	11,15–18	Der **Zorn Gottes** und die **Herrschaft Christi.**

[21] Schon im Alten Testament wird Er der Engel des HERRN genannt oder der Engel des Bundes (Mal 3,1). Es ist daher nicht ungewöhnlich, dass der Herr als Engel gesehen wird. - Aaron ist ein Vorbild vom Herrn Jesus als Hoherpriester, wie wir aus dem Hebräerbrief wissen.

Die ersten 4 Posaunengerichte bilden eine Einheit, es geht um die Erde, das Meer, die Flüsse, die Wasserquellen und schließlich um den Himmel. Zwei Drittel der Erde sind nicht betroffen, ein Drittel wohl. Warum ist hier vom dritten Teil° die Rede? Die Zahl° drei ist in der Bibel die Zahl der Offenbarung. Es liegt daher nahe, an den Teil der Erde zu denken, wo Gott sich insbesondere im Christentum offenbart hat. Es ist daher im Wesentlichen das Gebiet, wo sich die abgefallene Christenheit befindet.

Bei der **1. Posaune** werden Hagel° und Feuer, mit Blut vermischt, auf die Erde geworfen. Bei der 7. Plage über Ägypten entstand ebenfalls ein schwerer Hagel, mit Feuer vermischt (2Mo 9,22–26). Das Feuer sind die Blitze°, die den Hagel begleiten. Das hineingemischte Blut ist ein Bild davon, dass dieses Gericht den Tod bringt. Getroffen wird der dritte Teil° der Erde und der Bäume° und das gesamte Gras°.

Bei der **2. Posaune** wird ein großer brennender Berg° ins Meer geworfen. Dieser Berg ist ein Symbol für eine Weltmacht (vgl. Jer 51,25),[22] die in Chaos versinken wird (vgl. Ägypten in Jes 19,5–10). Der Untergang eines solchen Reiches würde nicht ohne Folgen auf die Weltwirtschaft bleiben.

Bei der **3. Posaune** fällt ein großer Stern vom Himmel. Hierbei kann es sich um eine hochstehende Persönlichkeit des öffentlichen politischen oder religiösen Lebens handeln. Ihr Fall hat katastrophale Auswirkungen auf viele Menschen, die dadurch sterben. Die Bitterkeit des Wermuts ist wohl ein Hinweis auf die Folgen dieses Abfalls von Gott (5Mo 29,18).

Bei der **4. Posaune** wird jeweils ein Drittel von Sonne, Mond und Sternen gerichtet: Die herrschenden Gewalten der „nachchristlichen" Länder (groß, mittel, gering) werden geschlagen

[22] Manche Ausleger denken bei dem brennenden Berg an den Untergang der Vereinigten Staaten von Amerika. Das mag sein, doch mit solchen Erklärungen sollten wir sehr vorsichtig sein.

und verdunkelt. An die Stelle des einmal von Gott gegebenen hellen Lichtes seiner Offenbarung tritt völlige Finsternis.

Das Kapitel schließt mit der Beschreibung eines Adlers°, der inmitten des Himmels fliegt und der die drei letzten schweren Posaunengerichte ankündigt. Der Ausdruck „die auf der Erde wohnen°" bezeichnet die Menschen, deren Sinnen und Trachten ausschließlich auf die Erde ausgerichtet ist (vgl. 6,9–11).

Kapitel 9

1. Bei der 5. Posaune sah Johannes einen Stern, der vom Himmel auf die Erde gefallen war; dieser Stern bekommt den Schlüssel zum Schlund des Abgrunds. Rauch aus dem Abgrund verfinstert die Sonne und die Luft. Die Heuschrecken aus dem Rauch sollen nur die nicht-versiegelten Menschen 5 Monate lang quälen (V. 1–5).
2. Die Menschen wollen sterben, können es aber nicht (V. 6).
3. Beschreibung der Heuschrecken; ihr König ist der Engel des Abgrunds (V. 7–12).
4. Bei der 6. Posaune sollen die vier am Euphrat gebundenen Engel gelöst werden, damit der 3. Teil der Menschen getötet wird (V. 13–19).
5. Die Menschen tun keine Buße, sondern beten Dämonen und Götzenbilder an, morden, treiben Zauberei und Hurerei und verüben Diebstähle (V. 20.21).

Dieses Kapitel setzt die Beschreibung der Posaunengerichte fort (5. und 6. Posaune), die zugleich die beiden ersten Wehe (8,13; 9,12; 11,14) sind. Bei der **5. Posaune** sieht Johannes einen Stern, der vom Himmel gefallen ist. Wovon ist dieser Stern ein Bild? Manche vermuten in ihm den Antichrist, andere denken an Satan. Jedenfalls handelt es sich um jemand, der Schlüsselgewalt über den Abgrund° bekommt und sofort danach den Abgrund öffnet. Der entweichende Rauch führt zur Verfinsterung der Sonne und der Luft. Heutzutage hält Gott die dämonischen Mächte noch weitgehend zurück, doch zur Zeit dieser Gerichte wird es eine sehr starke Verfinsterung der betroffenen Menschen geben.

Aus dem Rauch kommen Heuschrecken° mit giftigen Stacheln wie Skorpione hervor. In der Natur gibt es solche Heuschrecken nicht; sie sind Symbole für dämonische Mächte, die die Menschen anfallen und beschädigen werden, die nicht das Siegel Gottes haben. In Kapitel 7,1–8 haben wir die Menschen gefunden, die versiegelt werden: bekehrte Juden.

Hier geht es daher um die gottlosen Juden, die sich nicht bekehren, sondern den Antichrist° als Messias annehmen werden.

Gott benutzt diese bösen Mächte zur Erfüllung seiner Pläne. So erlaubte Gott einmal dem Satan, Hiob bis zu einem gewissen Grad zu schädigen (Hi 1 und 2). Die dämonischen Mächte werden die Menschen für eine Zeit quälen, jedoch nicht töten. Die Menschen werden sogar sterben wollen, doch sie können es nicht. Allein Gott hat Macht über das Leben und den Tod (vgl. 5Mo 32,39; Pred 8,8).

Die Dämonen sind wie eine Armee von Pferden, die in den Kampf ziehen, sie haben Macht (Kronen) und hohe Intelligenz (Menschenangesichter). Zugleich unterstehen sie einer anderen Macht (das lange Haar der Frau weist auf ihre Unterordnung hin). Sie haben starke Zähne wie Löwen, womit sie alles zerkleinern, selbst aber sind sie unangreifbar (Panzer). Ihrer Gewalt und Schnelligkeit (wie Wagen) kann sich nichts entgegensetzen. Mit dem tödlichen Gift ihrer Schwänze stechen sie die Menschen. Wer sollte ihr König sein, wenn nicht Satan? Er wird in Vers 11 der Engel des Abgrunds° genannt. Er ist der Verderber, der die Menschen, die sich nicht bekehren wollen, ins Verderben zieht und an den Ort des Verderbens bringt.

Die Menschen werden 5 Monate lang gequält. Möglicherweise sind das die letzten 5 Monate der Drangsalszeit. Gott wird die gottlosen Juden entsprechend ihrer Verantwortung richten (5 ist die Zahl° der Verantwortung). Wie sehr waren sie als leibliche Nachkommen Abrahams bevorrechtigt, Segen zu empfangen, doch sie haben sich als nicht würdig erwiesen. Ihr Gericht wird den physischen Tod bedeuten, doch ihre endgültige Verdammnis wird ungleich schrecklicher sein (20,11–15).

Nach diesem 1. Wehe folgen nun zwei weitere. Bei der **6. Posaune** hört Johannes eine Stimme aus den 4 Hörnern° des goldenen Altars°. Es ist die Stimme Gottes. Zur Zeit des Alten Testaments wurde auf dem goldenen Räucheraltar Räucherwerk dargebracht (2Mo 30). In Kapitel 8,4 haben wir gesehen, dass das Räucherwerk den Gebeten der Heiligen zugefügt wurde. Das nun folgende Gericht ist daher wieder eine Antwort auf die Gebete der Gläubigen, die zur Zeit der großen Drangsal auf der Erde sind (vgl. Kap. 8,3–5). Sie werden Gott um Rache anflehen, und diese Bitte wird Gott zu der Zeit wohlgefällig sein (vgl. 6,10).[23]

Die Stimme aus den Hörnern des Altars gibt dem 6. Engel den Auftrag, 4 Engel zu lösen, die am Euphrat gebunden sind.[24] Der Euphrat war früher die Grenze zwischen dem Römischen Reich und den östlichen Ländern. Das legt nahe, dass dieses Gericht Europa - das Gebiet des früheren Römischen Reiches - trifft, wo der wesentliche Teil der abgefallenen Christenheit beheimatet sein wird (vgl. den „dritten Teil°"). Die Tatsache, dass die Engel gebunden sind, zeigt, dass es sich um böse Mächte handelt, die nur dann wirken können, wenn Gott es zulässt. Nun wird der Weg frei für ein Heer von 200 Millionen Reitern.

Die weitere Beschreibung der Soldaten und der Pferde, auf denen sie sitzen, macht klar, dass es nicht um buchstäbliche Soldaten geht. Von ihnen heißt es lediglich, dass sie verschiedenfarbige (feurige, hyazinthene und schweflichte) Panzer haben, und von den Pferden, dass sie Köpfe wie Löwenköpfe haben und dass Feuer, Rauch und Schwefel aus ihren Mäulern kommen. Ihre Macht ist sowohl in ihren Mäulern als auch in ihren Schwänzen, die wie Schlangen sind und Köpfe haben. Die Beschreibung legt nahe, auch hier an dämonische Mächte zu denken, die die abgefallenen Christen durch falsche Lehren (Mäuler) und Lügen (Schwanz; vgl. Jes 9,15) völlig verfinstern. Möglicherweise ist das die Erfüllung der Gerichtsankündigung des Apostels Paulus im 2. Brief an die Thessalonicher:

---

23 Siehe dazu beispielsweise die Rachepsalmen 94 und 149.

24 Wir haben hier ein beeindruckendes Beispiel dafür, wie das Böse nur dann wirksam werden kann, wenn Gott es erlaubt. Die gebundenen (bösen) Engel empfangen die Anweisung eines guten Engels, der wiederum den Befehl Gottes ausführt. Außerdem ist der Zeitpunkt auf die Stunde genau festgelegt.

„Und deshalb sendet ihnen Gott eine wirksame Kraft des Irrwahns, dass sie der Lüge glauben, damit alle gerichtet werden, die der Wahrheit nicht geglaubt, sondern Wohlgefallen gefunden haben an der Ungerechtigkeit" (2,11.12). Dass diese Menschen getötet werden, bedeutet, dass ihre Trennung von Gott endgültig ist.

Die Übrigen der Menschen, die von dieser Plage nicht betroffen waren, bekehrten sich nicht zu Gott. Sie wollten nicht davon ablassen, die Dämonen anzubeten, den Götzen zu dienen, zu morden, Zauberei und Hurerei auszuüben und zu stehlen. Weder die Siegelgerichte noch die bisherigen Posaunengerichte konnten bei ihnen eine Umkehr bewirken. Sie wird das Gericht zu einem späteren Zeitpunkt treffen.

Kapitel 10

1. Ein starker Engel kommt aus dem Himmel hernieder, ist mit einer Wolke bekleidet und hat einen Regenbogen auf dem Haupt; sein Angesicht ist wie die Sonne, seine Füße wie Feuersäulen; er hat ein geöffnetes Büchlein in der Hand (V. 1.2a).
2. Er stellt seinen rechten Fuß auf das Meer, den linken auf die Erde; danach ruft er wie ein Löwe; 7 Donner reden ihre Stimmen (V. 2b–4).
3. Das Geheimnis Gottes wird vollendet (V. 5–7).
4. Johannes soll das Büchlein essen. In seinem Mund ist es süß wie Honig, doch in seinem Bauch ist es bitter (V. 8–10).
5. Er soll wieder über Völker und Könige weissagen (V. 11).

Der nun folgende Abschnitt von Kapitel 10,1 bis Kapitel 11,14 ist ein Einschub zwischen der 6. und der 7. Posaune. Das ist eine Parallele zu Kapitel 7, wo ebenfalls zwischen dem 6. und dem 7. Siegel ein Einschub war: Dort haben wir Gottes gnädiges Handeln in der Errettung der Versiegelten aus Israel und der großen Volksmenge aus allen Nationen gefunden. In dem Einschub hier sehen wir, wie Gott ebenfalls zugunsten der Seinen gnädig eingreift: Beim Gericht kommt seine Barmherzigkeit nicht zu kurz.

Die Beschreibung des Engels° in den Anfangsversen von Kapitel 10 lässt keinen anderen Schluss zu, als dass er ein Bild vom Herrn Jesus ist (vgl. 8,3–5). Er ist bekleidet mit einer Wolke°, die die Gegenwart Gottes symbolisiert. Der Regenbogen° erinnert daran, dass Gott auch während der Gerichte Barmherzigkeit übt (vgl. 4,3). Die Sonne° ist das Symbol höchster Autorität und das Feuer° seiner Füße ist ein Symbol für die Heiligkeit Gottes im Gericht, die das Böse verzehrt (vgl. 1,14.15). Wenn der Herr Jesus in Zukunft die Erde betreten wird, bedeutet das Gericht.[25] Das geöffnete Büchlein° „ent-

[25] Es sind dieselben Füße, zu denen viele Menschen während der Erdentage des Herrn niederfielen, die geküsst und gesalbt wurden. Es sind die Füße,

hält“ bereits bekannte Offenbarungen. Christus wird seinen rechten Fuß auf das Meer und seinen linken Fuß auf die Erde setzen: Ihm ist alle Macht auf der Erde gegeben (Mt 28,18). Nun übt Er diese Macht aus. Dabei ruft Er, wie ein Löwe brüllt (vgl. Joel 4,16; Am 1,2). Daraufhin reden Donner°; Johannes durfte das nicht niederschreiben.

Dann schwor der Engel bei Gott als dem Schöpfer des ganzen Universums, dass es nun keinen Aufschub mehr geben werde und dass der Sohn des Menschen seine Herrschaft antreten werde. Dann geht Gottes Regierung in seiner Vorsehung, die ein Geheimnis Gottes war, in die öffentliche, sichtbare Regierung über. Den Propheten - den Knechten° Gottes - ist diese gute Botschaft verkündigt worden. Die Bibel ist voller Hinweise auf die zukünftige Herrschaft Jesu Christi, des Königs der Könige.

Nun soll Johannes das geöffnete Büchlein° aus der Hand des Engels nehmen und es aufessen. So musste auch Jeremia einmal die Worte Gottes essen; sie waren ihm zur Wonne und zur Freude seines Herzens (Jer 15,16). Auch Hesekiel aß eine Buchrolle, die ihm im Mund süß wie Honig war (Hes 2,8–3,3). Nachdem Johannes das Büchlein gegessen hatte, machte es seinen Bauch bitter. Gottes Gerichtswege sind bitter, weil Sünde und Abfall gerichtet werden müssen. Was Johannes weiterhin weissagen soll, ist für Jerusalem und die Erde bitter.

---

die unermüdlich unterwegs waren: „Wie lieblich sind auf den Bergen die Füße dessen, der frohe Botschaft bringt“ (Jes 52,7). Sie wurden am Kreuz durchbohrt.

Kapitel 11

1. Der Tempel, der Altar und die Anbeter sollen gemessen bzw. gezählt werden. Jerusalem wird 42 Monate zertreten (V. 1.2).
2. Zwei Zeugen weissagen 1260 Tage. Sie können ihre Feinde mit Feuer töten und bewirken, dass während der Zeit kein Regen fällt; auch können sie Wasser in Blut verwandeln und die Erde mit Plagen schlagen (V. 3–6).
3. Nach Ablauf der Zeit werden sie getötet, werden aber nach 3½ Tagen wieder lebendig (V. 7–11).
4. Dann steigen sie in den Himmel hinauf. Ein großes Erdbeben zerstört den 10. Teil Jerusalems; 7000 Menschen kommen um. Die Übrigen geben dem Gott des Himmels Ehre (V. 12.13).
5. Beim 3. Wehe bzw. der 7. Posaune verkünden laute Stimmen die Weltherrschaft Gottes und seines Christus. Die 24 Ältesten beten Gott dafür an, dass Er seine Herrschaft antritt (V. 14–18).
6. Der Tempel Gottes wird geöffnet und die Bundeslade wird sichtbar (V. 19).

Mit diesem Kapitel tritt die Stadt Jerusalem ins Blickfeld. Johannes bekommt ein Rohr°, womit er den Tempel und den Altar messen und die Anbeter zählen soll. Was Gott misst, betrachtet Er als sein Eigentum. Der irdische Tempel wird zu der Zeit missbraucht, indem der Antichrist sich hineinsetzt und sich als Gott anbeten lässt (2Thes 2,3.4). Es geht hier darum, dass Gott treue Juden in Jerusalem für sich absondert, die Zugang in seine Gegenwart haben und Ihm aufgrund des Altars° nahen. Der Vorhof - solche, die bekennen, zum Volk Gottes zu gehören, doch in Wirklichkeit gottlos sind - wird hinausgeworfen; das bedeutet Gericht an den gottlosen Juden, die sich unter die Führung des Antichrists° gestellt haben. Die Stadt selbst wird während der 42 Monate[26] von den Heiden zertreten.[27]

---

[26] In der Offenbarung gibt es die Zeitangaben: 42 Monate - 1260 Tage°- eine Zeit, Zeiten und eine halbe Zeit (vgl. Dan 9,25). Immer geht es um die letzten 3½ Jahre vor dem Friedensreich (die Zeit der großen Drangsal).

[27] Mit diesen 3½ Jahren enden die Zeiten der Nationen (vgl. Lk 21,24), die mit der Wegführung des Südreiches in die babylonische Gefangenschaft ihren Anfang genommen haben.

Während dieser Zeit – nun als 1260 Tage° bezeichnet – wird es in Jerusalem zwei Zeugen geben, die ein treues Zeugnis für die Rechte Gottes ablegen. Sie werden Bußgewänder (Sacktuch) tragen und weissagen, d. h. sie sprechen dem Überrest zur Erbauung, Ermahnung und Tröstung (vgl. 1Kor 14,3). Sie werden mit zwei Ölbäumen° und zwei Leuchtern verglichen. Es ist der Heilige Geist, der durch sie wirkt; so verbreiten sie helles Licht in Jerusalem. Sie stehen vor Gott, dem Herrn der Erde (vgl. Sach 4,14); sie sind sich ihrer Verantwortung vor Gott bewusst, und Er ist es, der sie stärkt. Diese beiden Zeugen haben Feinde, die sie mundtot machen wollen, doch ihnen nichts anhaben können, denn sie können ihre Feinde mit Feuer aus ihrem Mund verzehren. Wer immer sie beschädigen will, muss getötet werden – Gott will die beiden Zeugen erhalten. Sie können Wunder tun, so dass es 3½ Jahre nicht regnet (auch Elia betete, und es gab 3½ Jahre keinen Regen; 1Kön 17; Jak 5,17). Sie können – wie Mose – Wasser in Blut verwandeln (2Mo 7,19–21). Wann immer sie wollen, können sie Plagen hervorkommen lassen.

Nach den 1260 Tagen° ihres treuen Zeugnisses wird das Tier aus dem Abgrund (Offb 13,1–10) sie bekämpfen und töten. Das Tier ist der Herrscher des Römischen Reiches (des vereinigten Europa). Ihre beiden Leichname werden für einige Tage auf den Straßen Jerusalems liegen – Jerusalem ist dann wie Sodom und Ägypten; es ist die Stadt, die den Herrn Jesus gekreuzigt hat, den Herrn der beiden Zeugen. Auch der Herr hat damals für sein treues Zeugnis den Tod erlitten.

Die Ermordung der beiden Zeugen wird auf weltweites Interesse und freudige Zustimmung stoßen. Als Zeichen der Freude schicken die Menschen einander Geschenke. Doch die Freude schlägt jäh in Furcht um, wenn die beiden Zeugen nach 3½ Tagen auferstehen und – so wie ihr Herr vor nun bald 2000 Jahren – zum Himmel auffahren. All das können die Feinde durch die modernen Massenmedien mitverfolgen. Begleitend findet ein Erdbeben° statt, wodurch 7000 Bewohner von Jerusalem umkommen; offensichtlich gibt es zu der Zeit nur etwa 70.000 Einwohner in Jerusalem, so stark ist die Bevölkerung dezimiert.

Die Ankündigung des 3. Wehe leitet die 7. Posaune ein. Die letzte Posaune ist von Stimmen im Himmel begleitet, die den Anbruch des Weltreiches Gottes und seines Christus verkünden. Alle weiterhin beschriebenen Ereignisse führen zur Errichtung eines Reiches, das nie enden wird; dieses Reich geht also über das 1000-jährige Friedensreich hinaus und mündet in ein ewiges Reich ein (vgl. 1Kor 15,24; Offb 22,5).

Die 24 Ältesten°, die an der Regierung beteiligt sein werden, fallen vor Gott nieder und beten Ihn an. Sie gebrauchen verschiedene Namen Gottes: *Herr* (Jahwe, der Ewige), *Gott* (Elohim, der Schöpfer), *Allmächtiger*° (El Schaddai), „der da ist" (ewige Existenz Gottes), „der da war" (treu in all seinen Wegen); hier fehlt „der da kommt", weil Gott nun die Herrschaft antritt. Diese Herrschaft bedeutet in dieser Zeit Gericht an den zornigen Völkern (das Gericht der Lebendigen; vgl. Mt 25,31ff.) und schließlich der Toten, und zwar am Ende des Friedensreiches (20,11–15). Es gibt aber nicht nur Gericht über das Böse und die Sünde, sondern auch Belohnung für Treue und für gerechte Taten: für die Knechte° (hier insbesondere die Propheten, die in schwerer Zeit Gottes Gedanken verkündigt haben), für alle Heiligen und Gottesfürchtigen, mögen sie nun gering oder bedeutend gewesen sein. Das Verderben bricht über die herein, die die Erde verdorben haben. Die Ältesten° kennen Gottes Pläne. Und auch wir dürfen sie heute schon kennen.

Der letzte Vers gehört inhaltlich zum nächsten Kapitel. Johannes sieht im Himmel einen Tempel° und darin die Bundeslade°. Sie war der Hauptgegenstand des jüdischen Gottesdienstes. Dort war Gott gegenwärtig, dort thronte Er. Nun ist der Augenblick gekommen, wo Gott im Gericht zugunsten seines irdischen Volkes Israel eingreift.

Kapitel 12

1. Eine mit der Sonne bekleidete Frau hat den Mond unter ihren Füßen und eine Krone von 12 Sternen auf ihrem Haupt; sie ist schwanger und steht im Begriff zu gebären (V. 1.2).
2. Ein feuerroter Drache mit 7 Köpfen und 10 Hörnern zieht mit seinem Schwanz den 3. Teil der Sterne mit sich auf die Erde. Er will das neugeborene Kind verschlingen; Gott entrückt den Sohn zu sich (V. 3–5).
3. Die Frau flieht in die Wüste, wo Gott sie beschützt und versorgt (V. 6).
4. Michael und seine Engel kämpfen im Himmel mit dem Drachen und seinen Engeln; der Drache wird mit seinen Engeln auf die Erde geworfen (V. 7–9).
5. Das Reich Gottes und die Macht Christi stehen unmittelbar bevor. Die Märtyrer haben den Teufel überwunden. Die Himmel sollen sich freuen, wehe der Erde und dem Meer, weil der Teufel große Wut hat (V. 10–12).
6. Der Drache verfolgt die Frau und wirft einen Wasserstrom hinter ihr her, den die Erde verschlingt. Daraufhin wendet der Drache sich gegen die Übrigen der Treuen unter dem Volk Israel (V. 13–17).
7. Johannes steht am Meeresufer (V. 18).

Der Tempel° mit der Bundeslade° weist darauf hin, dass Gott sich nun wieder dem Volk Israel zuwendet. Er knüpft damit an die Bundesverheißungen an, die Er früher dem Volk gegeben hat; die Frau in diesem Kapitel ist nämlich ein Bild vom Volk Israel: In den Plänen Gottes ist Israel mit der Sonne°, der höchsten Autorität, bekleidet. Alle abgeleiteten Autoritäten unterstehen ihr (Mond°). Die 12 Sterne symbolisieren die 12 Stämme Israels. Dass die Frau im Begriff steht zu gebären, ist ein Hinweis darauf, dass der Messias aus dem Volk Israel gekommen ist (siehe V. 3.4). Hier wird also die Vergangenheit eingeblendet.

Dann sieht Johannes ein zweites Zeichen im Himmel: einen feuerroten Drachen° mit 7 Köpfen und 10 Hörnern°; auf den

7 Köpfen sind 7 Diademe°. Die 7 Köpfe sind ein Symbol für hohe Intelligenz, die 10 Hörner für große Macht.[28] Der Drache ist nach Vers 9 die alte Schlange (1Mo 3), die der Teufel° und der Satan ist. Mit seinem Schwanz zieht er den 3. Teil der Sterne mit sich auf die Erde. Wir haben in den Kapiteln 8 und 9 gesehen, dass der 3. Teil ein Hinweis auf das Gebiet des Römischen Reiches ist, wo das Christentum einmal zu Hause war. Darum sind die Sterne° hier ein Bild führender Persönlichkeiten in Europa, die durch satanische Einflüsse zu Fall kommen.

Der Drache stellt sich vor die Frau, in der Absicht, ihr Kind gleich nach der Geburt zu verschlingen. Die Frau bekommt einen Sohn. Von Ihm heißt es, dass Er alle Nationen mit eiserner Rute° weiden würde. Ein Vergleich mit Psalm 2,7–9, der prophetisch vom Messias handelt, zeigt, dass der Sohn Jesus Christus ist. Herodes wollte das neugeborene Kind ermorden (Mt 2,13–18), doch es wurde zu Gott und seinem Thron entrückt: Das ist die Himmelfahrt Christi (Lk 24,51; Apg 1,9), wonach Er sich zur Rechten des Thrones Gottes setzte und von Gott alle Macht bekam (Mt 28,18). Die Erdentage Jesu werden hier außer Betracht gelassen.

In Vers 6 wird ein Ereignis erwähnt, das heute noch zukünftig ist. Die Frau flieht wegen der Feindschaft des Drachen (V. 13). Sie ist nun nicht mehr Israel im Allgemeinen, sondern Israel nach dem Plan Gottes, d. h. nur der Teil des Volkes, der sich von Herzen zu Gott bekehren wird. Er ist es, der das Land Israel fluchtartig verlassen wird[29] und von Gott für eine Zeit von 1260 Tagen bewahrt werden wird – jeder einzelne Tag ist wichtig.

---

[28] In Kapitel 13 wird ein ähnliches Tier beschrieben, das ebenfalls 7 Köpfe und 10 Hörner hat, allerdings befinden sich die Diademe dort nicht auf den Köpfen, sondern auf den Hörnern. Wir werden sehen, dass das Tier dort ein Bild vom Herrscher des künftigen Römischen Reiches (Europa) ist.

[29] Das ist der Zeitpunkt, den der Herr Jesus in Matthäus 24,15ff. erwähnt hat, wo die Bewohner Judäas in die Berge fliehen sollen, wenn der Gräuel der Verwüstung im Tempel aufgestellt wird. Das geschieht zur Mitte der 7 Jahre, zwischen der Entrückung und dem Friedensreich (siehe Anhang 3).

Bevor es jedoch so weit ist, findet im Himmel ein Kampf statt, bei dem der Erzengel Michael[30] und seine Engel mit dem Drachen (alte Schlange, Teufel° und Satan) und seinen Engeln (gefallene Engel, Dämonen) kämpfen. Satan verliert und wird mitsamt seinen Engeln aus dem Himmel - wo er sich bis dahin noch aufgehalten hat - auf die Erde geworfen. Das ist eine wichtige Etappe auf dem Weg zur Errichtung des Reiches. Später wird Satan für 1000 Jahre gebunden (20,1-3).

Dieser Fall Satans ist der Anlass dafür, dass Gott und Christus mit Lobpreis erhoben werden. Satan kann die Gläubigen nun nicht mehr verklagen. Das war eine Tätigkeit, auf die er sich sehr gut verstand und die er Tag und Nacht ausübte. Offensichtlich ist die laute Stimme in Vers 10 die der verherrlichten Gläubigen, denn sie nennen Satan den „Verkläger *unserer* Brüder". Diese Brüder sind die Märtyrer während der Zeit der Gerichte, die aus Treue zu Christus, um des Blutes des Lammes und des Wortes ihres Zeugnisses willen, überwunden haben (vgl. 6,9-11; 13,7; 14;13; 15,2-4; 20,4-6). Die Bewohner der Himmel sollen fröhlich sein, doch der Erde steht eine schreckliche Zeit bevor, weil Satan große Wut, aber wenig Zeit hat, nämlich lediglich 42 Monate. Das gibt der großen Drangsal ihren besonderen Charakter.

Seine ganze Wut richtet sich zuerst einmal gegen die Frau (12,13-16), das sind hier die Gottesfürchtigen aus Israel. Diese Treuen werden sehr schnell fliehen. Im Bild bekommen sie zwei Flügel eines Adlers°, womit sie in die Wüste° fliegen. Die Wüste ist eine Bezeichnung für die umliegenden Völker, wo sie für die Zeit von 3½ Jahren (Zeit, Zeiten und eine halbe Zeit; vgl. 11,2) Unterschlupf finden werden (vgl. Hos 2,2-23; Jes 16,4). Dort sind sie sicher vor der Schlange, die einen Strom° aus ihrem Mund hinter ihnen her wirft. Wie oft hat Satan in der Vergangenheit versucht, dem Volk Israel den Garaus zu machen, doch Gott weiß auch in Zukunft sein Volk zu bewah-

[30] Der Erzengel Michael wird fünfmal in der Bibel erwähnt (Dan 10,13.21; 12,1; Jud 9; Offb 12,7). Er ist der Einzige, der in der Schrift ausdrücklich Erzengel genannt wird, außerdem heißt er *Fürst Israels* (Dan 10,21).

ren: Die Erde verschlang den Strom. Dann führte der Drache mit den Übrigen ihrer Nachkommenschaft Krieg. Das sind die Treuen, die in Jerusalem zurückgeblieben sind; sie hatte der Herr nicht aufgefordert zu fliehen (Mt 24,16: fliehen sollten die, „die in *Judäa* sind"; vgl. Sach 14,2).

Kapitel 13

1. Ein Tier mit 10 Hörnern und 7 Köpfen steigt aus dem Meer herauf; es gleicht einem Panther, hat Füße wie ein Bär und ein Maul wie ein Löwe. Der Drache gibt ihm seine Macht (V. 1.2).
2. Einer der Köpfe ist wie zum Tod geschlachtet, wird aber geheilt. Das führt zur Anbetung Satans und des Tieres, das 42 Monate wirkt (V. 3–5).
3. Die Lästerungen richten sich gegen Gott, seinen Namen, seine Wohnung und die Bewohner des Himmels. Das Tier führt Krieg gegen die Heiligen und tötet sie. Alle, die auf der Erde wohnen, werden das Tier anbeten (V. 6–8).
4. Die Gläubigen sollen ausharren, denn Gott wird das Böse richten (V. 9.10).
5. Ein zweites Tier steigt aus der Erde auf und hat Hörner wie ein Lamm, redet aber wie ein Drache (V. 11).
6. Dieses Tier bringt die Menschen dahin, das erste Tier anzubeten, tut große Zeichen, lässt Feuer vom Himmel fallen und fordert die Menschen auf, dem Tier ein Bild zu machen (V. 12–14).
7. Das Tier gibt dem Bild Odem, so dass es reden kann, und bewirkt, dass alle getötet werden, die das Tier nicht anbeten (V. 15).
8. Viele Menschen werden zum Götzendienst verleitet. Um am Wirtschaftsleben teilnehmen zu können, braucht man das Malzeichen, den Namen des Tieres oder die Zahl seines Namens: die Zahl 666 (V. 16–18).

Das Tier aus dem Meer

Der letzte Vers des vorherigen Kapitels gehört inhaltlich zu diesem Kapitel. Johannes steht am Meeresstrand und sieht, wie ein Tier aus dem Meer heraufsteigt, das eine auffällige Ähnlichkeit mit dem Drachen° im vorigen Kapitel hat. Ein Unterschied besteht darin, dass die 7 Diademe° sich bei dem Drachen° auf den Köpfen befanden, hier jedoch 10 Diademe auf den 10 Hörnern (12,3). Die Ähnlichkeit des Tieres zum Drachen macht deutlich, dass es sich um ein Tier mit satanischem Ursprung handelt; es empfängt seine Macht vom Drachen (V. 4). Auf seinen Köpfen stehen Namen der Lästerung[31]; es lästert Gott, den Himmel und dessen Bewohner (V. 6).

Wenn wir dazu Daniel 7 lesen, wird deutlich, um welches Tier[32] es hier geht. Dort werden insgesamt 4 Tiere beschrieben, die alle aus dem Meer° heraufsteigen: Zuerst ein Löwe mit Adlersflügeln (V. 4), dann ein Bär (V. 5), danach ein Leopard oder Panther (V. 6) und schließlich ein viertes schreckliches und furchtbares Tier. Bei diesen Tieren geht es um Weltreiche, die nacheinander entstanden sind. In Daniel 2 wird beschrieben, wie Nebukadnezar in einem Traum ein Bild sah, das ebenfalls 4 Königreiche vorbildete. Das erste Reich war das Babylonische Reich (mit seinem Herrscher Nebukadnezar), das zweite das Medo-persische Reich, das dritte das Griechische Reich und das vierte das Römische Reich. In dieser Reihenfolge finden wir die Reiche auch in Daniel 7. Bei dem Tier in Offenbarung 13,1–10 geht es daher um das letzte dieser 4 Reiche, um das Römische Reich, genauer: um den Herrscher, der die Macht dieses Reiches in Händen hat. Das zukünftige vereinigte Europa wird in etwa das Gebiet des früheren Weströmischen Reiches umfassen, das 476 n. Chr. unterging. Kurz vor dem Kommen Christi wird dieses Reich wieder erstehen, denn seine Todeswunde wird geheilt, zur großen Verwunderung der ganzen Weltbevölkerung (vgl. 17,7–14). Das wird zur Anbetung des Drachen und des Tieres führen. Es wird eine Satansanbetung geben, die alles Bisherige in den Schatten stellt.

Das besondere Kennzeichen des Tieres ist, dass es durch große Worte und Lästerungen Menschen zum Abfall von Gott verführt. Die Lästerungen richten sich nicht nur gegen Gott, sondern auch gegen den Himmel, gegen seine Wohnung und gegen die, die sich im Himmel aufhalten, das sind Engel und die

---

[31] Das griechische Wort *blasphemia* kann auch mit „Schimpfrede, Schmähung, Verleumdung“ übersetzt werden.

[32] Die beiden Tiere in diesem Kapitel sind Symbole für Reiche bzw. deren Repräsentanten, die andere unterdrücken und Gott gegenüber gewissenlos handeln.

auferweckten Gläubigen. Die Zeit seines Wirkens ist auf die 42 Monate der großen Drangsal begrenzt (vgl. Mt 24,15ff.).

Immer wieder heißt es in Bezug auf dieses Tier: „Es wurde ihm ... gegeben". Der Drache gab ihm seine Macht und seinen Thron und große Gewalt (V. 2); einen Mund, der große Dinge redete (V. 5); Gewalt, 42 Monate zu wirken (V. 5); mit den Heiligen Krieg zu führen (V. 7); Gewalt über jeden Stamm usw. (V. 7). Das macht deutlich, dass das Tier nicht nur der Herrscher eines vereinigten Europas sein wird, sondern zugleich der sichtbare Repräsentant des Drachen°, also Satans. Der Teufel° weiß, dass er wenig Zeit hat (12,12). Es wird sein letzter Versuch sein, die Herrschaft über die Welt an sich zu reißen. Er weiß, dass Gott im Begriff steht, sein Reich zu errichten und es seinem Sohn, Jesus Christus, zu übertragen, was Satan verhindern will. Jedenfalls will er so viele Menschen wie möglich mit ins Verderben reißen.

So wie der Teufel° große Wut hat und mit dem Überrest der Nachkommen der Frau Krieg führt, so wird das Tier mit den Heiligen Krieg führen. In Offenbarung 7 haben wir gesehen, dass Menschen aus dem Volk Israel und aus allen Völkern zum Glauben kommen und von Gott für das Friedensreich bewahrt werden; sie werden das Ende der Drangsal lebend erreichen. Darüber hinaus wird es Heilige geben, die das Tier überwinden wird, d. h. dass viele von ihnen als Märtyrer sterben werden. Im Grunde sind sie jedoch die Überwinder, die treu bleiben (vgl. 15,2; 20,4). Das Tier wird seine Macht über die gesamte Menschheit zur Verfolgung der Heiligen einsetzen. Die Menschen werden weltweit nicht nur Satan anbeten, sondern auch das Tier. Es sind die Menschen, deren Namen nicht im Buch° des Lebens des geschlachteten Lammes° stehen.

Viele Gläubige werden in Gefangenschaft geführt und andere werden getötet werden (V. 9.10). Das Handeln ihrer Verfolger und Mörder wird Gott jedoch auf ihren eigenen Kopf zurückbringen. Auch hier bewahrheitet sich das Gesetz von Saat und Ernte (Gal 6,7). Gott wird auch in dieser Zeit der Gottlosigkeit und des Götzendienstes nichts aus der Hand gleiten. Dieses Wissen stärkt das Ausharren und den Glauben der Heiligen.

Das Tier aus der Erde

Dann sieht Johannes ein zweites Tier aufsteigen, diesmal aus der *Erde*. Es hat Hörner° wie ein Lamm, redet aber wie ein Drache°. Es gibt vor, der verheißene Messias zu sein, und wird König in Israel sein; in Wirklichkeit ist es der Antichrist°. Sein Reden offenbart seine satanische Besessenheit. Das erste Tier wird große, weltweite politische Macht haben, das zweite Tier hat nur eine begrenzte politische Macht, die es in Verbindung mit dem ersten Tier und vor ihm ausüben wird. Es hat aber große religiöse Macht, denn es führt die Menschen auf der Erde dahin, den Herrscher Europas anzubeten. Zu diesem Zweck tut es große Zeichen, es lässt Feuer auf die Erde herabkommen (vgl. 2Thes 2,9.10). Dadurch verführt der Antichrist die Menschen. Auch fordert er sie auf, dem Tier ein Bild zu machen, das er zum Sprechen bringen kann. Es ist gut möglich, dass dieses Bild der Gräuel der Verwüstung ist, der im Tempel, an heiligem Ort, stehen wird (Mt 24,15).

Wenn es heißt, dass das Tier „bewirkte, dass alle getötet wurden“[33], bedeutet das, dass das Tier diese Absicht verfolgt. Denn es wird ja viele Gläubige geben, die lebend ins Friedensreich eingehen, ohne das Tier angebetet zu haben.

Das Tier wird viele Menschen aus den unterschiedlichsten sozialen Schichten dahin bringen, ein Malzeichen° anzunehmen; und allein damit können die Menschen dann am Wirtschaftsleben teilnehmen. Das Malzeichen ist entweder der Name des Tieres (des europäischen Herrschers) oder die Zahl seines Namens. Die Zahl des Tieres ist 666. Ohne zu spekulieren, woran die Menschen zu der Zeit erkennen werden, dass es um diese Zahl° geht, ist jedenfalls klar, dass die 6 häufig ein Symbol für das Böse und die Sünde ist. Das Tier wird durch die Inspiration Satans das Böse in einer Weise offenbaren, wie es das bis dahin noch nicht in einem Menschen gegeben hat.

[33] Andere übersetzen: „dass alle getötet würden“.

Kapitel 14

1. 144.000 Erlöste sind mit dem Lamm auf dem Berg Zion; sie singen ein neues Lied, folgen dem Lamm, wohin es geht, und sind Erstlinge für Gott und das Lamm (V. 1–5).
2. Ein Engel fliegt inmitten des Himmels und hat das ewige Evangelium. Er fordert die Menschen auf, Gott Ehre zu geben und Ihn als Schöpfer anzubeten (V. 6.7).
3. Ein weiterer Engel kündigt den Fall Babylons an (V. 8).
4. Ein dritter Engel kündigt das Gericht an den Tieranbetern an (V. 9–12).
5. Die Märtyrer in dieser Zeit werden glückselig gepriesen (V. 13).
6. Die überreife Ernte der Erde wird geerntet (V. 14–16).
7. Die Traubenlese – das Blut der Trauben geht bis an die Gebisse der Pferde (V. 17–20).

Kapitel 14 ist eine Einfügung, bevor nach der Beschreibung der beiden Tiere (Kap. 13) die Überwinder des Tieres und die Schalengerichte (Kap. 15; 16) beschrieben werden. Dieses Kapitel fasst entscheidende Ereignisse aus der Zeit der großen Drangsal° zusammen und lässt sich leicht unterteilen.

Das Lamm und die 144.000 Erlösten

Das Lamm wird nun nicht im Himmel oder auf dem Thron gesehen, sondern in Jerusalem, auf dem Berg Zion°. Die 144.000 Erlösten sind wohl kaum die 144.000 Versiegelten aus Kapitel 7, wo ausdrücklich gesagt wird, dass sie aus den 12 Stämmen Israels sind.[34] Sie werden nicht näher bezeichnet, wohl aber heißt es von ihnen, dass sie eine enge Beziehung zu Christus und seinem Vater haben, denn deren Namen stehen auf ihren Stirnen (vgl. Kap. 3,12).

[34] Manche Ausleger sehen in den 144.000 Erlösten Menschen aus den beiden Stämmen Juda und Benjamin (so W. Kelly, W. Scott).

Johannes hört eine Stimme aus dem Himmel wie das Rauschen vieler Wasser und das Rollen eines lauten Donners°; es ist eine Stimme wie von Harfensängern. Die Sänger sind Heilige im Himmel, die von den 24 Ältesten° unterschieden werden. Es sind wohl Märtyrer der 7 Jahre, die zu Beginn des Friedensreiches auferweckt werden (20,4–6). Sie singen ein neues Lied, das nur die 144.000 Erlösten erlernen können. Die Erlösten haben den Charakter von Jungfrauen°; sie haben sich vom Götzendienst und jeder Verbindung zur Welt rein erhalten und folgen dem Lamm nach, wohin irgend es geht. Sie sind eine besondere Erstlingsfrucht für Gott und das Lamm. Ihre Wahrhaftigkeit wird besonders betont.

Das ewige Evangelium

Ein anderer Engel, der inmitten des Himmels fliegt, hat das ewige Evangelium° und verkündigt es den Menschen auf der Erde. Das Evangelium hat zum Inhalt, dass die Menschen Gott fürchten und Ihm Ehre geben sollen, weil das Gericht gekommen ist. Sie sollen den Schöpfer des Himmels und der Erde anbeten. Das steht im Gegensatz zum Götzendienst in dieser Zeit, wo das Tier und der Antichrist angebetet werden.

Gericht an Babylon

Babylon° ist die abgefallene Christenheit – unter der Führung Roms –, die nach der Entrückung der wahren Christen übrig bleibt. Das Gericht an Babylon° wird näher in Offenbarung 17 und 18 beschrieben. Dort wird Babylon° im Bild einer Hure bzw. einer Stadt gesehen; die Hure sitzt auf dem Tier. Mehr dazu, wenn wir zu Kapitel 17 kommen. Hier wird ihr Gericht angekündigt, das in den letzten 3½ Jahren stattfinden wird.

Gericht an den Tieranbetern

Nun verkündet ein Engel das Gericht an den Tieranbetern. Wer das Tier oder sein Bild anbetet und das Malzeichen° annimmt, wird das ewige Gericht erleiden; er wird mit Feuer und Schwefel gequält werden. Das ewige Gericht wird niemals enden. Die Qual wird entsetzlich sein: Tag und Nacht werden die Menschen keine Ruhe finden. Für die Heiligen, die sich unter den Tieranbetern aufhalten, wird die Aussicht auf deren schreckliche Zukunft ein Ansporn zum Ausharren sein. Sie wissen um Gottes gerechtes Gericht (vgl. Kap. 13,10). Sie halten die Gebote Gottes und bewahren den Glauben an Jesus; sie erwarten Ihn als Messias.

Trost für die Märtyrer der Drangsalszeit

Wenn sich die Hoffnung der treuen Juden auch auf das kommende Reich richtet, so gibt es doch eine besondere Glückseligpreisung für die, die bei der Verfolgung durch das Tier als Märtyrer umkommen werden. Sie sterben im Herrn, wegen ihrer Treue zu Ihm und weil Er es zulässt. Ihre Werke folgen ihnen nach und werden belohnt. Ihr Segen wird weit größer sein als der Segen derer, die lebend ins Friedensreich eingehen. Sie werden an der ersten Auferstehung teilhaben und mit Christus über die Erde herrschen (20,4).

Gericht an den Völkern im Allgemeinen

Johannes sieht eine weiße Wolke° und auf ihr jemand wie den Sohn° des Menschen (vgl. Offb 1,7; Mt 24,30.31). Zweifellos haben wir es hier mit dem Kommen Jesu als Richter der Erde zu tun. Er trägt jetzt eine goldene Krone°, auf dem Kreuz von Golgatha trug Er eine Krone aus Dornen; jetzt hat Er eine Sichel in der Hand, damals waren seine Hände von Nägeln durchbohrt. Die Ernte ist überreif - Gott hat lange Geduld gehabt. Hier ist die Ernte das Gericht an den Gottlosen unter den Völkern.[35]

Gericht an den gottlosen Juden

Johannes wird Zeuge einer zweiten Ernte: der Weinernte. Ein Engel aus dem Altar ruft einem anderen Engel zu, er möge die Trauben des Weinstocks° der Erde ernten. Unter dem Altar sind die Märtyrer, die um Rache gerufen haben (6,9–11). Jetzt ist die Zeit der Rache gekommen. Die Beeren werden außerhalb der Stadt (Jerusalem) in einer Kelter zertreten.[36] Es ist hier das Gericht an den gottlosen Juden, die dem Antichrist gefolgt sind. Das Blut der toten Juden reicht bis an die Gebisse der Pferde, und das 1600 Stadien weit. Bei der Länge eines Stadions von etwa 185-190m ergibt das eine Entfernung von ca. 300 km. Das ist die Strecke von Dan bis Beerseba, also die Länge des Landes Israel. Aus Sacharja 13,8.9 wissen wir, dass 2/3 der jüdischen Bevölkerung im Land umkommen werden.

---

[35] Die Kornernte ist öfter ein Bild für das Gericht, wo die Spreu vom Weizen getrennt wird (Mt 13,30–43; 24,31; Mk 4,29; Jes 17,4–6; Jer 51,33; Hos 6,11; Mal 3,19; vgl. auch Lk 17,30–35).

[36] Das Treten der Kelter bedeutet vollständige Vernichtung (Jes 24,13; 63,2.3; Jer 25,30; Klgl 1,15; Joel 4,13; Offb 19,15).

Kapitel 15

1. Sieben Engel mit den 7 letzten Plagen (V. 1).
2. Das gläserne Meer und die Überwinder über das Tier. Sie singen das Lied Moses und das Lied des Lammes zur Ehre Gottes und erheben Gott für seine Werke und seine Wege. Alle Völker werden kommen, um Ihn wegen seiner gerechten Taten anzubeten (V. 2-4).
3. Die 7 Engel mit den 7 Plagen kommen aus dem Tempel. Eins der lebendigen Wesen gibt ihnen die 7 goldenen Schalen, die mit dem Grimm Gottes gefüllt sind. Während der Plagen kann niemand den Tempel betreten (V. 5-8).

Die Kapitel 15 und 16 gehören zusammen. Am Anfang von Kapitel 15 sieht Johannes ein großes und erhabenes Zeichen im Himmel: 7 Engel, die im folgenden Kapitel die Zornesschalen ausgießen, mit denen der Grimm Gottes vollendet wird. Zeitlich gesehen, befinden wir uns mit den Schalengerichten kurz vor dem Friedensreich. Bevor diese Gerichte ausgeführt werden, wird Johannes Zeuge, wie eine Schar von Überwindern am gläsernen Meer° steht. Solange Gläubige noch auf der Erde sind, brauchen sie die Reinigung von Sünden und Verfehlungen (Eph 5,26); die Erlösten hier - es sind wohl Märtyrer - brauchen keine Reinigung mehr, weil sie vollendet sind. Das Feuer im gläsernen Meer weist auf die Verfolgungen hin, die sie erduldet haben (vgl. 1Pet 1,6.7; 4,12.13) und wodurch Gott sie gereinigt hat.

Die Überwinder über das Tier haben Harfen Gottes, um ihren Lobgesang für Gott damit zu begleiten. Das Tier hat sie überwunden (13,7), doch in Wirklichkeit sind sie es, die das Tier überwunden haben. Als der Herr Jesus auf dem Kreuz starb, schien es so, als habe Satan Ihn überwunden, doch in Wirklichkeit hat Christus Satan überwunden und die Erlösung bewirkt. Die Überwinder singen das Lied Moses, des Knechtes Gottes, und das Lied des Lammes. Sie kennen nicht nur die

Erlösung, wie Mose sie nach dem Durchzug des Volkes Israel durch das Rote Meer beschrieben hat (2Mo 15), sondern auch die Erlösung, die das Lamm auf Golgatha auch für sie bewirkt hat.

Sie besingen (a) die großen und wunderbaren Werke Gottes, (b) seine gerechten und wahrhaftigen Wege, (c) seine Heiligkeit und (d) seine gerechten Taten. Ihre Anrede lautet: HERR°, Gott, Allmächtiger° und König der Nationen. Er wird seine Herrschaft antreten, indem Er sie seinem Sohn übergibt. Das wird dazu führen, dass die Menschen Ihn weltweit fürchten, seinen Namen verherrlichen und Ihn anbeten. Damit erfüllen sich Prophezeiungen wie Jesaja 56,7; 66,23; Sacharja 14,16; Zephanja 3,9 und Psalm 72,8–11. Die Bewohner der Erde werden die gerechten Wege Gottes in seinem Gerichtshandeln kennen lernen (Jes 2,3; 26,9).

Johannes sieht, wie der Tempel[37] im Himmel geöffnet wird. Von dort kommen die 7 Engel hervor, die die 7 Plagen haben. Ihre Gewänder bestehen aus glänzendem, reinem Leinen, und um ihre Brust haben sie goldene Gürtel. Eins der lebendigen Wesen° gibt den Engeln 7 goldene Schalen°. Der Tempel kann für die Zeit der Gerichte nicht betreten werden, weil er von der Herrlichkeit und der Macht Gottes mit Rauch erfüllt ist. Es gibt bei den Gerichtsschalen, die jetzt über die Erde ausgegossen werden, keine Barmherzigkeit mehr.

[37] Es ist hier der Tempel der Hütte des Zeugnisses: Das entspricht dem Allerheiligsten in der Stiftshütte (Zelt der Zusammenkunft). Dort stand die Bundeslade, in der sich die Gesetzestafeln befanden, auch „Tafeln des Zeugnisses“ genannt.

Kapitel 16

1. Eine laute Stimme aus dem Tempel richtet sich an die 7 Engel (V. 1).
2. Ein Engel nach dem anderen gießt seine Schale aus: auf die Erde, auf das Meer, auf die Ströme und Wasserquellen, auf die Sonne und auf den Thron des Tieres (V. 2–11).
3. Der 6. Engel gießt seine Schale auf den Euphrat aus, dadurch wird der Weg für die Könige von Osten frei (V. 12).
4. Aus den Mündern des Drachen, des Tieres und des falschen Propheten kommen unreine Geister, die die Könige des Erdkreises zum Krieg versammeln. Christus kündigt sein Kommen wie das Kommen eines Diebes an (V. 13–16).
5. Der 7. Engel gießt seine Schale in die Luft aus. Durch ein großes Erdbeben wird die große Stadt in drei Teile geteilt, fallen Städte, Babylon wird gerichtet, Inseln und Berge werden weggerückt. Hagelsteine fallen auf die Menschen, die Gott dafür lästern (V. 17–21).

Mit den Zornesschalen erreichen die Gerichte ihren Höhepunkt. Das sieht man vor allem daran, dass eine Stimme nach dem Ausgießen der 7. Schale sagt: „Es ist geschehen". Außerdem kündigt der Herr Jesus bei der 6. Schale an, dass Er wie ein Dieb kommt. Das macht deutlich, dass diese Gerichte unmittelbar vor seinem Kommen stattfinden werden.

Eine laute Stimme aus dem Tempel gibt den 7 Engeln Befehl, die Schalen des Grimmes Gottes auf die Erde auszugießen. Der **1. Engel** gießt seine Schale auf die Erde aus, die das Gebiet ist, wo das Tier seine Herrschaft ausübt und wo einmal das Christentum vorherrschte. Dadurch bekommen die Menschen dort böse und schlimme Geschwüre, wie sie auch die Ägypter bei der 6. Plage bekamen (2Mo 9,9–11; vgl. Jer 30,13). Durch die Geschwüre wird der böse innere Zustand der Menschen nach außen sichtbar.

Die Schalengerichte

	Kapitel	Ziel der Plage	Ereignis
1	16,2	die Erde	Ein böses und schlimmes Geschwür kommt an die Menschen, die das Malzeichen des Tieres haben und sein Bild anbeten.
2	16,3	das Meer	Es wird zu Blut, wie von einem Toten. Alle Meerestiere sterben.
3	16,4–7	die Ströme und Wasserquellen	Alles wird zu Blut. Das Blut der Heiligen wird gerächt.
4	16,8.9		Die Sonne versengt die Menschen mit Feuer. Trotz großer Hitze lästern diese Menschen den Namen Gottes.
5	16,10.11	der Thron des Tieres	Das Reich des Tieres wird verfinstert. Die Menschen zerbeißen ihre Zungen vor Pein und lästern den Gott des Himmels.
6	16,12	der Strom Euphrat	Sein Wasser vertrocknet; der Weg der Könige von Sonnenaufgang wird bereitet.
7	16,17–21	die Luft	Ein großes Erdbeben. Die große Stadt wird in drei Teile geteilt. Babylon (= die abtrünnige Christenheit) kommt ins Gedächtnis vor Gott. Jede Insel entflieht. Berge werden nicht gefunden. Hagelsteine fallen auf die Menschen; dennoch lästern sie Gott.

Der **2. Engel** gießt seine Schale auf das Meer° aus. Möglicherweise ist das Meer° hier ein Bild von den Völkermassen außerhalb Europas, die sich im Chaos befinden. So wie das Meer° ein Symbol ist, ist auch das zu Blut werdende Wasser ein Symbol für den (geistigen) Tod vieler Menschen.

Der **3. Engel** gießt seine Schale auf die Ströme° und Wasserquellen aus, die ebenfalls zu Blut werden. Gott nimmt dadurch die Segnungen weg, die Er den Menschen bis dahin noch gegeben hatte. Beim Ausgießen dieser Schale hört Johannes den Engel der Wasser sagen, dass Gott gerecht sei, die Menschen so zu richten. Sie haben das Blut von Heiligen und Propheten vergossen. Nun müssen sie Blut statt Wasser trinken. Gott wird das Böse der Menschen auf ihren Kopf zurückbringen (vgl. Gal 6,7). Die Seelen der Märtyrer befanden sich unter dem Altar, als sie um Rache riefen (6,9–11); dieser Altar ist es, der nun die wahrhaftigen und gerechten Gerichte Gottes bestätigt, die eine Antwort auf das Rufen der Märtyrer sind.

Der **4. Engel** gießt seine Schale auf die Sonne° aus; die Menschen werden mit großer Hitze versengt. Die Sonne ist möglicherweise ein Herrscher (wie es das Tier sein wird), der den Menschen das Leben unerträglich macht. Die Menschen geben Gott, der über diese Plagen Gewalt hat, die Schuld daran und lästern seinen Namen. Sie tun weder Buße°, noch geben sie Ihm Ehre. Das zeigt uns die Verstocktheit dieser Menschen.

Der **5. Engel** gießt seine Schale auf den Thron des Tieres aus. Dadurch wird sein Reich verfinstert. Das ist die völlige moralische Verfinsterung des Römischen Reiches.[38] Die Menschen erleiden schreckliche Qualen, doch auch hier geben sie Gott die Schuld an ihrem Elend und lästern Ihn. Sie sündigen weiter und tun keine Buße°.

Der **6. Engel** gießt seine Schale auf den Euphrat aus, der dadurch austrocknet. Der Euphrat war die östliche Grenze des damaligen Römischen Reiches. Nun wird der Weg frei für die Könige von Osten.[39] Sie werden in der Absicht kommen, in die letzte große kriegerische Auseinandersetzung um Jerusalem einzugreifen, die sich anbahnt (vgl. Sach 12–14).

---

[38] Die endgültige Vernichtung des Tieres wird kurze Zeit später stattfinden, wenn der Herr Jesus vom Himmel herniederkommt und das Tier mitsamt dem falschen Propheten ergreift und lebendig in den Feuersee wirft (Offb 19,20).

[39] Vielleicht sind das Völker wie Pakistan, Indien, China und andere.

Dann sieht Johannes, wie aus dem Mund des Drachen°, des Tieres und des falschen Propheten° drei unreine Geister kommen, die die Gestalt von Fröschen haben. Sie sind Geister von Dämonen, die Zeichen tun und zu den Königen des ganzen Erdkreises° ausgehen, um sie zum Krieg des großen Tages Gottes zu versammeln. Gott ist es, der einen Tag (eine gewisse Zeit) bestimmen wird, wo dieser Krieg stattfindet, und zwar im Land Israel, ein entsetzlicher Krieg zwischen Orient und Okzident.

Zuvor hören wir den Herrn Jesus sagen, dass Er wie ein Dieb° kommt. Er greift schließlich selbst ein. Das ist das Kommen Christi zum Gericht und zur Errichtung des Reiches, wie es an vielen Stellen im Alten und im Neuen Testament bezeugt wird (vgl. 1Thes 5,2; Offb 3,3). Die Ankündigung seines Kommens ist mit einer Glückseligpreisung verbunden für den, der wacht und seine Kleider bewahrt, damit er nicht nackt umhergeht und man seine Schande sieht. Das schließt in sich, dass andere Menschen nackt umhergehen - ein Hinweis auf die Sittenlosigkeit und das Motiv, warum viele Soldaten in den Krieg ziehen (vgl. Ri 5,30). Hinter der Sittenlosigkeit stehen dämonische Mächte, die die Menschen im Bann halten.

In Vers 14 sehen wir, dass es unreine Geister sind, die die Könige des Erdkreises zum Krieg des großen Tages Gottes versammeln. Nun erfahren wir, dass Gott selbst es ist, der sie nach Harmagedon versammelt (V. 16). Harmagedon ist die hebräische Bezeichnung für den Berg oder das Gebirge Megiddo. Dorthin werden die Könige des Erdkreises zum Krieg versammelt. Es ist der Ort, wo die Israeliten Sisera besiegten (Ri 5,19) und wo Josia in der Schlacht gegen Pharao Neko fiel (2Kön 23,29; 2Chr 35,22; Sach 12,11).

Schließlich gießt der **7. Engel** seine Schale in die Luft aus. Dabei wird die Luft verunreinigt, die die Menschen einatmen. Damit haben die Schalengerichte ihren Höhepunkt erreicht, denn aus dem Tempel, vom Thron her, kam eine Stimme, die sprach: „Es ist geschehen.“ All das wird begleitet von Blitzen°,

Stimmen, Donnern° und einem großem Erdbeben°. Das Erdbeben° ist so groß, wie es noch keins gegeben hat. Die große Stadt wird in drei Teile geteilt. Die Stadt, wo Menschen nahe beieinander leben, ist ein Symbol für die Zivilisation. Die Zivilisation in Europa wird durch das Erdbeben zerstört. Außerdem fallen die Städte der Nationen. Es wird einen weltweiten Zusammenbruch der gesamten Zivilisation geben.

Babylon° kommt vor Gott ins Gedächtnis; sie wird den Kelch des Weines des Grimmes des Zornes Gottes trinken; ihr Gericht wird ausführlich in den nächsten beiden Kapiteln beschrieben, zuerst im Bild einer Hure, danach im Bild einer Stadt.

Jede Insel° entflieht, und Berge° werden nicht gefunden, d. h. sie werden von ihrer Stelle weggerückt. Talentgroße Hagelsteine (ein Talent hat 34,3 kg) fallen aus dem Himmel auf die Menschen. Trotz dieser Plage - und nach all den vorherigen Plagen - lästern die Menschen Gott. Wie unverbesserlich böse ist doch das menschliche Herz (Jer 17,9).

Kapitel 17

1. Einer von den 7 Engeln zeigt Johannes das Gericht an der großen Hure, die die Könige der Erde mit dem Wein ihrer Hurerei betrunken gemacht hat (V. 1.2).
2. In der Wüste sitzt eine Frau auf einem scharlachroten Tier, ist üppig gekleidet und hält einen goldenen Becher mit Gräueln und Unreinheiten in der Hand. Auf der Stirn hat sie einen Namen, sie ist vom Blut der Märtyrer betrunken (V. 3–6).
3. Die Hure sitzt auf dem Tier, das aus dem Abgrund aufsteigt und ins Verderben geht (V. 7.8).
4. Die 7 Köpfe sind ein Symbol für 7 Berge und 7 Könige, die 10 Hörner sind 10 Könige (V. 9–13).
5. Das Tier und die Könige führen Krieg mit dem Lamm, doch das Lamm überwindet sie (V. 14).
6. Das Gericht an der Hure durch die 10 Könige und das Tier (V. 15–18).

Kapitel 16 endete mit der 7. Zornesschale, wobei auch Babylon° ins Gedächtnis vor Gott kommt (V. 19). Die beiden Kapitel 17 und 18 gehen chronologisch zurück und zeigen uns, warum Gott Gericht an der Hure übt. Es geht in Kapitel 17 im Wesentlichen um die Beziehung der Hure Babylon zu dem Tier, auf dem sie sitzt. Beiden sind wir bereits begegnet: in Kapitel 13 dem Tier (dem wiedererstehenden Römischen Reich) und in Kapitel 14 der Stadt Babylon.

Wer ist die Hure mit dem Namen Babylon auf ihrer Stirn, deren Ende Johannes gezeigt wird? Sie ist die abgefallene Christenheit, die sich als Braut Christi ausgibt, doch in Wirklichkeit eine Hure ist. Die römische Kirche mit dem Papsttum wird die führende Rolle in der abgefallenen Christenheit spielen. Die Hure saß auf vielen Wassern, ein Bild von Völkern, Völkerschaften, Nationen und Sprachen (V. 15). Das Papsttum hat viele Jahrhunderte lang weltweiten Einfluss auf viele Völker und Menschen gehabt und wird es auch in Zukunft haben. Die Könige der Erde werden Hurerei mit ihr treiben. Wie viele

Staatsoberhäupter haben schon um die Gunst der Kirche gebuhlt. Und die Menschen, die auf der Erde wohnen°, stehen völlig unter dem benebelnden Einfluss ihrer Hurerei.

Dann wird Johannes in eine Wüste° geführt, wo er die Frau auf einem scharlachroten Tier sitzen sieht, das voller Namen der Lästerung ist, 7 Köpfe und 10 Hörner° hat (vgl. 13,1–10). Das Tier ist das wiedererstehende Römische Reich. Die falsche Kirche wird also einen großen Einfluss auf das Tier ausüben, ja, das Tier anfänglich beherrschen. Johannes sieht eine sehr reiche Frau, doch in der Hand hält sie einen goldenen Becher, der mit den Gräueln ihres Götzendienstes und den Unreinheiten ihrer Hurerei gefüllt ist. Was sind das für Gegensätze: sich zu Christus zu bekennen und dann doch mit den schlimmsten Sünden des Götzendienstes und der Hurerei verbunden zu sein (vgl. dazu 2,20.21)! Wenn die Kirche gerichtsreif ist, werden sich ihre Sünden bis zum Himmel aufgehäuft haben (18,5).

An ihrer Stirn hat sie den Namen „Geheimnis, Babylon°, die große, die Mutter der Huren und der Gräuel der Erde". Was für viele Menschen jetzt noch ein Geheimnis ist und in Zukunft sein wird, hat Gott uns in seinem Wort offenbart. Die Tatsache, dass die Hure vom Blut der Heiligen und der Zeugen Jesu betrunken war, erinnert uns an die vielen Verfolgungen und Märtyrer, die auf das Konto dieses religiösen Systems gehen (und auch noch gehen werden?).

Warum verwundert Johannes sich? Diese Frage stellt ihm auch der Engel, doch sie bleibt offen. Stattdessen erklärt er ihm das Geheimnis der Frau und des Tieres. Nun erfährt er Einzelheiten über das Tier, die wir in Kapitel 13 nicht finden. Der Engel spricht von drei Phasen des Tieres. Es symbolisiert ein Reich, das es einmal gegeben hat, das für eine bestimmte Zeit nicht existierte, dann aber wieder ersteht, und zwar aus dem Abgrund°; schließlich geht es ins Verderben. Das hat es in der Geschichte nie gegeben, dass ein Weltreich solchen Ausmaßes wie das Römische Reich untergegangen ist, lange nicht bestand und dann wieder „auferstand". Außerdem wird das Reich aus dem *Abgrund* heraufsteigen, d. h. satanischen Ursprungs sein, was es so ebenfalls noch nicht gegeben hat.[40] Es wird also ein einzigartiges Reich sein, sowohl was die Entstehung betrifft als auch die Entfaltung des Bösen. Außerdem wird es in enger Verbindung zum Christentum (besser: zur abgefallenen Christenheit) stehen, da die Frau ja auf dem Tier sitzt. Die Menschen, die auf der Erde wohnen°, werden sich über das Tier verwundern. In Kapitel 13,3 hieß es bereits, dass sich sogar die ganze Erde über das Aufkommen des Tieres verwundert.

Nun folgt eine Erklärung der 7 Köpfe. Einerseits sind sie 7 Berge, auf denen die Frau sitzt, und andererseits 7 Könige. Was sind die 7 Berge anderes als eine Anspielung auf die Siebenhügelstadt Rom (die „ewige Stadt“), wo der Papst als Oberhaupt der römisch-katholischen Kirche residiert? Die Köpfe sind 7 Könige, wovon 5 gefallen sind. Manche Ausleger sehen darin verschiedene Regierungsformen des früheren Römischen Reiches, die sechste war da, als Johannes die Offenbarung empfing, und die siebte würde kommen und für kurze Zeit bleiben. Das ist die zukünftige Regierungsform des Römischen Reiches, wo 10 Könige[41] über die Länder Europas herrschen werden, wahrscheinlich in der Form eines Staatenbundes. Diese Staatsform wird aber nur für kurze Zeit bestehen.

Plötzlich ist in Vers 11 in Verbindung mit den 7 Königen wieder von dem Tier die Rede. Es heißt dort: „... *er* ist auch ein achter“. Dieser „er“ ist der Herrscher Europas. Wenn er zur Macht kommt, ist das die achte und letzte Regierungsform dieses Reiches, unter der das Reich ins Verderben geht (vgl. Kap. 16,10.11; 19,19.20).

Danach erklärt der Engel Johannes die Bedeutung der 10 Könige; damals (zur Zeit des Johannes) hatten sie noch kein

---

40 Für die Vergangenheit und auch heutzutage gilt, dass jede Obrigkeit von Gott ist, so gottlos sie auch war oder ist (Röm 13,1).

41 Vielleicht ist die Zahl 10 hier symbolisch zu verstehen; möglich ist auch, dass sich noch ein Kerneuropa von 10 Staaten herausschält.

Königreich empfangen, sie würden es in Zukunft empfangen und für *eine* Stunde (eine bestimmte Zeit, 42 Monate?) mit dem Tier zusammen herrschen. Sie werden also ihre Macht dem Tier geben und mit ihm gegen das Lamm Krieg führen. Im vorigen Kapitel haben wir gefunden, wie die Könige des ganzen Erdkreises durch dämonische Mächte nach Harmagedon versammelt werden und dort gegen das Lamm kämpfen. Die Könige mögen es nicht wissen, dass sie gegen Christus kämpfen werden, doch Satan weiß es. Das Lamm wird sie überwinden, weil es der Herr der Herren und der König der Könige ist. Dabei wird das Lamm von Heiligen begleitet sein (vgl. 19,11ff.).

Die restlichen Verse dieses Kapitels beschreiben mit wenigen Worten das Gericht an der Hure. Bevor das Tier und die 10 Könige vom Herrn Jesus überwunden und gerichtet werden, werden sie die Hure hassen, sie öde und nackt machen, ihr Fleisch fressen und sie mit Feuer verbrennen. Sie handeln zwar aus eigenem und dämonischem Antrieb, doch zugleich ist es Gott, der sie das tun heißt.[42] Die Tatsache, dass das Königtum der Frau, das sie über die Könige der Erde hat, dem Tier gegeben wird, ist ein Hinweis darauf, dass das Gericht an der falschen Kirche wohl zu Beginn der 42 Monate (der Zeit der großen Drangsal) stattfinden wird, denn man kann sich kaum vorstellen, dass das Tier und der Antichrist den religiösen Einfluss der Frau während dieser Zeit des totalen Götzendienstes und der Tieranbetung dulden.

[42] Das ist ein eindrucksvolles Beispiel dafür, dass der Mensch (oder Satan) denkt, aber Gott alles lenkt.

Kapitel 18

1. Ein Engel verkündet mit lauter Stimme das Gericht an Babylon (V. 1–3).
2. Das Volk Gottes wird aufgefordert, Babylon zu verlassen, um nicht am Gericht teilzuhaben (V. 4).
3. Das Gericht an Babylon entspricht ihrer Selbstverherrlichung und Üppigkeit (V. 5–8).
4. Die Könige der Erde trauern über sie, ebenso die Kaufleute und die Schiffsleute (V. 9–19).
5. Es ist Freude im Himmel über das Gericht an Babylon (V. 20).
6. Babylon wird wie ein großer Mühlstein ins Meer geworfen. Alle Freude verschwindet. Letzte Erwähnung des Blutes der Märtyrer (V. 21–24).

Das vorhergehende Kapitel endete damit, dass das Tier und die Könige der Erde die Hure vernichten und damit das ausführen, was Gott will. Dort wird Babylon im Bild einer Hure vorgestellt, in diesem Kapitel finden wir sie im Bild einer Stadt. Die Hure ist die falsche Kirche, deren Einfluss über Europa wohl zu Beginn der satanischen Herrschaft des Tieres und des weltweiten Götzendienstes des Antichrists abgeworfen werden wird. Doch wieso kam Babylon dann bei der 7. Zornesschale vor Gott ins Gedächtnis (16,19)? Wenn auch ein enger Zusammenhang zwischen der Hure im vorigen Kapitel und der Stadt Babylon in diesem Kapitel besteht, so gibt es doch auch wichtige Unterschiede. Die Hure ist ein Bild von der religiösen Macht der Kirche der Endzeit unter der Führung Roms und die Stadt Babylon von ihrer politischen, wirtschaftlichen und kulturellen Macht. Den Untergang letzterer finden wir nun in diesem Kapitel; dieses Gericht wird wohl kurz vor dem Kommen des Herrn stattfinden.

Zuerst sieht Johannes einen anderen Engel aus dem Himmel herniederkommen. Es spricht vieles dafür, dass dieser Engel wieder der Herr Jesus ist (vgl. 8,3; 10,1), denn Er hat große Gewalt und erleuchtet mit seiner Herrlichkeit die Erde (vgl. Hes 43,2). Es ist allerdings noch nicht seine öffentliche Erscheinung (vgl. 19,11ff.). Der Engel verkündet den Fall der Stadt Babylon. Die Stadt ist immer noch eine Behausung von Dämonen, unreinen Geistern und unreinen und gehassten Vögeln. Das wird das Ende der bekennenden Christenheit sein, die keinerlei Beziehung zu Christus hat!

Wir haben bereits in Kapitel 17 gesehen, dass die Nationen vom Wein der Wut ihrer Hurerei getrunken und die Könige der Erde Hurerei mit ihr getrieben hatten. Die Könige der Erde sind alle Könige, die eine enge Beziehung zu „Rom" hatten.[43] Die Kaufleute der Erde sind durch die Macht ihrer Üppigkeit reich geworden. Rom war also nicht nur eine politische, sondern auch eine wirtschaftliche Macht.

Danach sagt eine andere Stimme aus dem Himmel, dass das Volk Gottes Babylon verlassen solle. Diese Aufforderung richtet sich an solche Menschen, die nach der Entrückung zum Glauben gekommen sind. Allerdings war die Trennung vom Bösen die Pflicht jedes Christen in allen Jahrhunderten (2Kor 6,17; Heb 13,13; 2Tim 2,19–22; 2Joh 11). Gott will nicht, dass sein Volk an den Plagen über Sünden teilhat. Babylons Sünden sind bis zum Himmel aufgehäuft; sie bekommt ein doppeltes Gericht. Dabei weist Babylon jede Schuld von sich; doch Gott wird die Stadt an *einem* Tag richten.

In den folgenden Versen wird beschrieben, wie nacheinander die Könige der Erde (V. 9.10), die Kaufleute der Erde (V. 11–17a) und die Schiffsleute (V. 17b–19) über den Untergang Babylons weinen, wehklagen und trauern. Sie alle hatten von Babylon profitiert und werden zusehen müssen, wie diese Stadt in einer Stunde verwüstet wird. Der Himmel hingegen soll sich freuen, einschließlich der Heiligen, Apostel und Propheten. Wie viele von ihnen wurden von

[43] Nicht zu verwechseln mit den Königen, die durch die 10 Hörner in Kapitel 17 vorgebildet werden.

Babylon verfolgt und ermordet (vgl. V. 24)! Gott hat ihre Rechtssache in die Hand genommen und das Gericht an Babylon vollzogen.

Schließlich sieht Johannes, wie ein starker Engel einen Stein wie einen großen Mühlstein aufhebt und ins Meer wirft. Babylon war nicht nur eine große politische und wirtschaftliche Macht, sondern hatte auch große kulturelle Bedeutung. All das wird mit einem Schlag zu Ende sein. Es gibt fortan weder Musiker noch Künstler in dieser Stadt, noch werden dort Lebensmittel zubereitet. Es gibt kein Licht mehr in ihr und auch nicht mehr die Freude von Brautleuten[44]: Es gibt keine künftigen Generationen mehr. Zauberei und Okkultismus gab es in dieser Stadt. Und vor allem: In ihr gab es das Blut vieler treuer Märtyrer, die aus Treue zu Christus ihr Leben nicht geliebt haben.

[44] Im irdischen Jerusalem wird es kurze Zeit später „die Stimme der Wonne und die Stimme der Freude, die Stimme des Bräutigams und die Stimme der Braut" geben (Jer 33,11).

Kapitel 19

1. Lobpreis und Anbetung Gottes für das Gericht an der Hure (V. 1-5).
2. Lobpreis für Gott, dass Er seine Herrschaft antritt - Freude darüber, dass die Hochzeit des Lammes gekommen ist (V. 6-8).
3. Glückselig sind die zum Hochzeitsmahl Geladenen. Johannes soll den Engel nicht anbeten (V. 9.10).
4. Das Kriegsheer aus dem Himmel; das Gericht an den Nationen (V. 11-16).
5. Die Vögel sollen das Fleisch von Königen, Pferden und Soldaten fressen (V. 17.18).
6. Das Tier, die Könige der Erde und ihre Heere sind versammelt, um mit dem Reiter und seinem Heer Krieg zu führen. Gericht am Tier, am falschen Propheten, den Königen und deren Armeen (V. 19-21).

Nachdem Babylon gerichtet ist, bricht der Himmel in ein Halleluja (hebr. *Lobt Jahwe*) Gottes aus, der seine Herrlichkeit und Gerechtigkeit im Gericht offenbart hat. Im vorigen Kapitel gab es große Traurigkeit über das Gericht an der Stadt Babylon, in diesem Kapitel gibt es große Freude. Gott hat das Blut seiner Knechte° gerächt, die durch die Hand der Hure geschlachtet worden waren. Erneut sprechen sie: Halleluja!

Die Stadt oder Hure wird nicht nur ein zeitliches Gericht erfahren; die Menschen, die sie bilden, werden ein ewiges, nie endendes Gericht erleiden, das am großen weißen Thron über sie ausgesprochen werden wird (20,11-15). Die Ältesten° und die lebendigen Wesen° fallen nieder und beten ebenfalls an: Amen, Halleluja! Eine Stimme aus dem Thron fordert alle Knechte und alle, die Gott fürchten, die Kleinen und die Großen, zum Lob Gottes auf. Das wird das Ergebnis all der gerechten Gerichte Gottes über die Erde sein: Alle Gottesfürchtigen werden Ihn dafür loben.

Wieder hört Johannes die Stimme wie die einer großen Volksmenge und wie das Rauschen vieler Wasser und das Rollen starker Donner. Die Sprechenden geben Gott mit einem Halleluja Ehre, weil Er seine Herrschaft angetreten hat. Sie fordern einander auf, fröhlich zu sein, zu frohlocken und Gott Ehre zu geben, weil die Hochzeit des Lammes gekommen ist. Die Frau des Lammes ist niemand anders als die Gemeinde, wie wir sie im Epheserbrief finden (Kap. 5,23–33); Christus hat sich aus Liebe für sie am Kreuz hingegeben. Nun ist der Augenblick der Hochzeit da. So wie Adam von Gott eine Frau bekam, bevor Gott ihm den Auftrag gab, über die Erde zu herrschen (1Mo 1,28), so wird Gott seinem Sohn eine Hochzeit bereiten, bevor Er öffentlich seine Herrschaft im Friedensreich antritt.

Die Frau des Lammes hat sich bereitet. Besteht die Bereitschaft einer Braut° nicht darin, dass sie sich zunehmend auf ihren Bräutigam einstellt? Paulus schreibt davon, dass er die Korinther als eine keusche Jungfrau einem Mann verlobt habe (2Kor 11,2). Diese Braut hier hat sich rein erhalten für Christus. Wie ganz anders die Hure in den beiden vorhergehenden Kapiteln.

Ihr Brautkleid besteht aus feiner Leinwand, glänzend und rein. Ihr Kleid sind die Gerechtigkeiten (o. gerechten Taten) der Heiligen. Christus ist den Gläubigen durch sein Sterben zur Gerechtigkeit und Heiligkeit geworden (1Kor 1,30), doch hier sind die Gerechtigkeiten die Taten der Treue, die sie aus Liebe zu ihrem Herrn getan haben. Er möchte in alle Ewigkeit an diesen Schmuck der Braut erinnert werden. Wenn die Gemeinde im ewigen Zustand als das neue Jerusalem° aus dem Himmel herniederkommt, ist sie immer noch wie eine für ihren Bräutigam geschmückte Braut° (21,2). Ihre bräutliche Schönheit wird nie vergehen.

Der Engel sagt zu Johannes, er solle schreiben, dass die glückselig sind, die zum Hochzeitsmahl des Lammes geladen sind. Wir erinnern uns, dass die 24 Ältesten° ein Bild der Gläubigen aus der Zeit des Alten Testaments und der Gläubigen aus der Zeit der Gemeinde sind.[45] Nachdem nun von der Frau des Lammes die Rede ist, liegt die Erklärung nahe, dass die Gäste der Hochzeit die alttestamentlichen Gläubigen sind. Bis zu diesem Augenblick haben wir beide Gruppen im Bild der Ältesten gesehen. Ab der Hochzeit des Lammes werden die Ältesten nicht mehr erwähnt. Die Hochzeit miterleben zu dürfen, ist eine besondere Glückseligkeit. Um jedem Zweifel daran vorzubeugen, sagt der Engel zu Johannes, dass dies die „wahrhaftigen Worte Gottes" sind. Johannes ist so beeindruckt, dass er den Engel anbeten will (vgl. Kap. 22,8.9). Als er das Gericht an der Hure sah, verwunderte er sich sehr, doch hier will er anbeten. Der Engel lehnt es ab, dass Johannes ihn anbetet, er sollte Gott anbeten. Wie macht dieser Vers doch einen dicken Strich durch jede Art von Engelanbetung, geschweige denn die Anbetung von Heiligen.

Ab Vers 11 sieht Johannes, wie Christus mit seinen Armeen aus dem Himmel kommt, das Tier und den falschen Propheten richtet und die Könige Europas mitsamt ihren Armeen vernichtend schlägt und sie tötet. Diese Schlacht findet in Harmagedon statt (vgl. Kap. 16,12–16). Christus kommt auf einem weißen Pferd°, himmlische Armeen, die ebenfalls auf weißen Pferden sitzen, folgen Ihm. Seine Augen° sind wie eine Feuerflamme, auf seinem Haupt hat Er viele Diademe°, sein Gewand ist in Blut getaucht, aus seinem Mund geht ein zweischneidiges Schwert° hervor, womit Er die Nationen schlägt (vgl. 1,16). Er führt Krieg in Gerechtigkeit und tritt die Weinkelter des Zorngrimmes Gottes. Seine Namen sind: Treu und Wahrhaftig (V. 11), das Wort Gottes (V. 13), König der Könige und Herr der Herren (V. 16). In all seinem Wesen und Tun ist Er treu und wahrhaftig, Er hat nicht nur das Wort Gottes offenbart, sondern ist selbst die Offenbarung Gottes – jetzt auch im Gericht. Nun schickt Er sich an, seine Herrschaft als König der Könige und Herr der Herren anzutreten (vgl. 17,14).

[45] Es ist ein Missverständnis, dass die Gemeinde von Adam an bestehe. Sie hat ihren Anfang genommen, nachdem der Herr gestorben und auferstanden war und am Pfingsttag der Heilige Geist ausgegossen wurde (vgl. 1Kor 12,13; Mt 16,18).

Bevor der Krieg zwischen der Weltmacht Europa und dem Herrn beginnt, sieht Johannes einen Engel in der Sonne° stehen, der alle Vögel des Himmels zum großen Mahl Gottes einlädt. Was für ein Gegensatz zwischen dem Mahl Gottes hier und dem Hochzeitsmahl des Lammes, die beide in diesem Kapitel erwähnt werden!

Nun ist es so weit, dass das Tier und die Könige der Erde und ihre Heere versammelt sind, um mit dem Lamm und seinem Heer Krieg zu führen (vgl. 17,14). Doch es ist Christus allein, der das Tier und den falschen Propheten° ergreift und lebendig in den Feuersee wirft. Der Feuersee ist die Hölle, das ewige Feuer, das für den Teufel° und seine Engel bereitet ist (Mt 25,41). Bis heute ist noch niemand an diesem Ort der ewigen Verdammnis; der Teufel selbst wird erst 1000 Jahre später – nach dem Friedensreich – dort ankommen (20,10). Das ist das schreckliche Ende dieser beiden Menschen, die sich am Ende der Zeitepoche, in der wir heute leben, an die Spitze des absoluten Abfalls von Gott und der Auflehnung gegen Gott stellen werden. Alle Übrigen, die in Harmagedon versammelt sind, werden vom Herrn mit dem Schwert° aus seinem Mund getötet. Die Vögel fressen ihr Fleisch. Was für ein ruhmloses Ende einer Armee, die angetreten war, um gegen das Lamm Krieg zu führen!

Kapitel 20

1. Ein Engel aus dem Himmel bindet den Teufel für 1000 Jahre und wirft ihn in den Abgrund (V. 1-3).
2. Johannes sieht Throne zum Gericht und die Seelen der Märtyrer, die auferweckt werden. Die übrigen Toten werden nicht lebendig (V. 4-6).
3. Nach den 1000 Jahren wird der Satan freigelassen und verführt die Nationen. Wenn sie Jerusalem belagern, wird Feuer aus dem Himmel sie verzehren (V. 7-9).
4. Der Teufel wird in den Feuer- und Schwefelsee geworfen, wo das Tier und der falsche Prophet schon 1000 Jahre sind. Dort werden sie alle Tag und Nacht von Ewigkeit zu Ewigkeit gepeinigt (V. 10).
5. Erde und Himmel entfliehen vor dem, der auf dem weißen Thron sitzt. Alle Toten werden gerichtet und in den Feuersee - den zweiten Tod - geworfen (V. 11-15).

Mit dem Kommen des Herrn Jesus zum Gericht an dem Tier und dem falschen Propheten°, den Königen und ihren Armeen ist nun der Beginn des Friedensreiches gekommen. Nur in diesem Kapitel wird die Dauer dieses Reiches mit 1000 Jahren angegeben. Ein wesentliches Ereignis zu Beginn des Friedensreiches ist das Binden des Teufels°, der hier noch einmal mit seinen vier Namen genannt wird (vgl. 12,9). Er wird von einem Engel gebunden und in den Abgrund° geworfen. Damit ist der große Unruhestifter erst einmal hinter Schloss und Riegel; er kann die Nationen nicht mehr zum Aufstand gegen Gott verführen. Gleichzeitig werden die Dämonen in den Abgrund eingeschlossen (vgl. Jes 24,21.22). Was der Teufel tut, wenn er 1000 Jahre später wieder freigelassen wird, finden wir einige Verse später.

Johannes sieht Throne, ohne dass er die darauf sitzenden Personen näher beschreibt. Zweifellos sind es die verherrlichten Heiligen (vgl. 1Kor 6,2.3). Auch sieht er Märtyrer, die uns zum Teil bereits in Kapitel 6,9-11 begegnet sind und denen dort gesagt worden war, dass sie noch eine kleine Zeit ruhen sollten, bis auch ihre Mitknechte und Brüder vollendet wären, die ebenfalls getötet werden würden. Sie alle werden nun lebendig, nicht um im Friedensreich auf der Erde zu leben, sondern um vom Himmel aus mit Christus 1000 Jahre zu herrschen. Die übrigen Toten - das sind alle Ungläubigen - werden zu diesem Zeitpunkt noch nicht auferstehen, das geschieht erst am Ende des Friedensreiches (vgl. 20,11-15).

Mit der Auferstehung der Märtyrer findet die erste Auferstehung[46] ihren Abschluss. Alle, die an dieser Auferstehung teilhaben, werden glückselig und heilig genannt; sie werden nie wieder sterben, denn sie sind von Christus freigekauft vom zweiten Tod - dem ewigen Verderben - und werden Priester Gottes sein und mit Christus 1000 Jahre herrschen.

Das Friedensreich selbst wird an dieser Stelle nicht beschrieben; mit Vers 7 erreichen wir bereits dessen Ende.[47] Wenn Satan für kurze Zeit freigelassen wird, wird er sofort das tun, was er immer getan hat: Er wird die Nationen verführen, nun die, die sich von Jerusalem aus gesehen an den Ecken der Erde befinden, also am weitesten von dort entfernt sind. Sie werden hier mit *Gog* und *Magog* bezeichnet als Sinnbild der Feindschaft gegen Israel und die Stadt Jerusalem, das die „geliebte Stadt" genannt wird. Wie sehr auch die Erde und die Menschen auf ihr im Friedensreich unter der Herrschaft Christi gesegnet sein werden - viele Menschen und Völker werden sich diesem Aufstand gegen Gott anschließen. Doch die feindlichen Heere werden ohne Kampf durch Feuer vernichtet. Da-

[46] Die erste Auferstehung geschieht in drei Etappen: Die erste Etappe hat ihre Erfüllung gefunden, als Christus auferstand, die zweite findet statt, wenn Er zur Entrückung der Gläubigen wiederkommt (1Thes 4,13-18), und die dritte und letzte, wenn alle Märtyrer zu Beginn des Friedensreiches auferweckt werden. Alle, die an der ersten Auferstehung teilhaben, werden den zweiten Tod nicht erleiden. Nach den Worten des Herrn Jesus ist das die „Auferstehung des Lebens", im Gegensatz zu der „Auferstehung des Gerichts" (Joh 5,29).

[47] Siehe zu diesem Thema mein Buch: *Tausend Jahre Frieden*, Lychen (Daniel-Verlag) 2004.

mit ist das ewige Schicksal des Teufels besiegelt: Er wird in den Feuersee geworfen, wo das Tier und der falsche Prophet° bereits seit 1000 Jahren sind. Nun ist die diabolische Trinität im Feuersee vereint. Das Gericht wird niemals enden. Das gilt auch für die Menschen, die kurze Zeit später in den Feuersee geworfen werden, wie wir in den folgenden Versen finden.

Dieses kurze Kapitel 20 schließt mit der größten Gerichtsverhandlung ab, die es je gegeben haben wird. Johannes sieht einen großen weißen Thron, und ohne nun zu sagen, wer darauf sitzt – ohne Zweifel ist es der Sohn Gottes, dem Gott das ganze Gericht übergeben hat (Joh 5,22) –, berichtet er, dass vor seinem Angesicht die Erde entflieht und der Himmel. Erde und Himmel in der jetzigen Form werden untergehen und verwandelt werden und durch eine Neuschöpfung wieder erstehen (vgl. 21,1; Heb 1,10–12).

Alle ungläubigen Toten[48], ob groß oder klein, stehen vor dem Thron. Verschiedene Bücher werden geöffnet, eins ist das Buch° des Lebens; in den anderen Büchern sind die Werke der Toten verzeichnet. Als Erstes geht es um die Frage, ob die Namen derer, die dort stehen, im Buch° des Lebens verzeichnet sind. Nein, keiner von ihnen! Lieber Leser, weißt du, ob dein Name im Buch des Lebens steht? Wenn du dir nicht sicher bist, so bekehre dich und ergreife das Heil in Jesus Christus!

Danach werden die Toten gerichtet, und zwar nach ihren Werken. Obwohl sie schließlich alle ausnahmslos in den Feuersee geworfen werden, fällt das Gericht doch unterschiedlich aus. Niemand, der nicht glaubt, möge denken, dass er am Gericht vorbeikommt. Ob er nun ertrunken ist oder auf welche Weise auch immer er umgekommen ist, ob sein Leib feuerbestattet wurde – Meer, Tod und Hades° geben die Toten wieder. Sie alle werden nach ihren Werken gerichtet. Kein einziges böses Werk, das sie getan haben, wird vergessen sein.

[48] Beachte, dass es von ihnen nicht heißt, dass sie *lebten*. Es sind die Menschen, die zum Gericht auferstehen (Joh 5,29).

Tod und Hades werden hier als Personen gesehen; sie werden in den Feuersee geworfen. Es gibt dann keinen Tod und auch keinen Hades° mehr. Alle die Menschen, die hier am großen weißen Thron gerichtet werden, werden schließlich in den Feuersee geworfen, welches der zweite Tod ist. Sie werden nicht irgendwann vernichtet oder doch noch mit Gott versöhnt. Nein, ihr Gericht ist ewig. Der ewige Tod, die ewige Verdammnis, ist so schrecklich, dass sie alle menschliche Beschreibung und Vorstellung übertrifft.

Exkurs:
Bibelstellen im Neuen Testament, die von der ewigen Verdammnis handeln

- „Wenn aber deine Hand oder dein Fuß dir Anstoß gibt, so hau ihn ab und wirf ihn von dir. Es ist besser für dich, verkrüppelt oder lahm in das Leben einzugehen, als mit zwei Händen oder mit zwei Füßen in das *ewige Feuer* geworfen zu werden“ (Mt 18,8).
- „Dann wird er auch zu denen zur Linken sagen: Geht von mir, Verfluchte, in das *ewige Feuer,* das dem Teufel und seinen Engeln bereitet ist“ (Mt 25,41).
- „Und diese werden hingehen in die *ewige Pein,* die Gerechten aber in das ewige Leben“ (Mt 25,46).
- „... wer aber irgend gegen den Heiligen Geist lästert, hat *keine Vergebung in Ewigkeit,* sondern ist ewiger Sünde schuldig“ (Mk 3,29).
- „... in das unauslöschliche Feuer, wo ihr Wurm nicht stirbt und das Feuer nicht erlischt“ (Mk 9,43.44).
- „... wer aber dem Sohn nicht glaubt, wird das Leben nicht sehen, sondern der *Zorn Gottes bleibt* auf ihm“ (Joh 3,36).
- „... die Strafe erleiden werden, *ewiges Verderben* vom Angesicht des Herrn und von der Herrlichkeit seiner Stärke“ (2Thes 1,9).

- „... und Engel, die ihren ersten Zustand nicht bewahrt, sondern ihre eigene Behausung verlassen haben, hat er zum Gericht des großen Tages mit *ewigen Ketten* unter der Finsternis verwahrt" (Jud 6).
- „Wie Sodom und Gomorra und die umliegenden Städte, die sich, ebenso wie jene, der Hurerei ergaben und anderem Fleisch nachgingen, als ein Beispiel vorliegen, indem sie *die Strafe des ewigen Feuers* erleiden" (Jud 7).
- „Der Rauch ihrer Qual steigt auf *von Ewigkeit zu Ewigkeit*" (Offb 14,11).
- „... und sie werden Tag und Nacht gepeinigt werden *von Ewigkeit zu Ewigkeit*" (Offb 20,10).

Kapitel 21

1. Neuschaffung von Himmel und Erde (V. 1).
2. Das neue Jerusalem kommt wie eine für ihren Mann geschmückte Braut aus dem Himmel herab (V. 2).
3. Zeitweise wohnt Gott auf der neuen Erde. Er macht alles neu und nimmt die Spuren der Sünde weg (V. 3–6).
4. Der Überwinder wird den Segen erben, Gott wird ihm zum Gott sein und der Überwinder Gott zum Sohn (V. 7).
5. Das Teil der Sünder ist für ewig im Feuersee (V. 8).
6. Johannes sieht die Braut des Lammes auf einem hohen Berg: die heilige Stadt Jerusalem hat die Herrlichkeit Gottes (V. 9.10).
7. Die Materialien der Stadt, ihre Tore, Grundlagen, Abmessungen und ihre Mauer. In der Stadt ist kein Tempel, weil Gott und das Lamm der Tempel sind. Sie braucht kein Licht, weil die Herrlichkeit Gottes sie erleuchtet und das Lamm die Lampe ist (V. 11–23).
8. Die Völker der Erde werden durch ihr Licht wandeln; in die Stadt wird nichts Sündiges hineingehen (V. 24–27).

Dieses Kapitel setzt die chronologische Reihenfolge der Ereignisse, die mit der Beschreibung der Hochzeit des Lammes begonnen hatten (19,6–10), fort. Nach der Hochzeit kommt Christus mit den himmlischen Heiligen auf die Erde, um das Tier und den falschen Propheten°, die Könige der Erde und ihre Armeen zu richten (19,11–21). Satan wird zu Beginn der 1000 Jahre gebunden (20,1–3), anschließend findet die Auferstehung der Märtyrer der vergangenen Jahre statt (20,4–6). Dann wird Satan am Ende des tausendjährigen Friedensreiches noch einmal losgelassen; es findet die letzte Schlacht um Jerusalem statt. Ein riesiges Heer umzingelt Jerusalem und wird durch Feuer vom Himmel vernichtet. Darauf wird Satan in den Feuersee geworfen (20,7–10), und alle ungläubigen Toten werden vor dem großen weißen Thron gerichtet (20,11–15). Nun folgt in Kapitel 21 in den Versen 1-8 eine äußerst knappe Beschreibung des ewigen Zustandes. Ab Vers

9 wird das neue Jerusalem beschrieben, das bereits im Friedensreich die himmlische Regierungsmetropole der Erde ist.

Mit diesem Kapitel erreichen wir das große Ziel Gottes: einen neuen Himmel und eine neue Erde. Wenn dieses Ziel erreicht ist, gibt es keine Sünde mehr; sie ist dann abgeschafft (vgl. Joh 1,29). Auch gibt es auf der neuen Erde kein Meer mehr; es gibt keinerlei geographische Trennung mehr zwischen den Menschen, die auf der neuen Erde wohnen.

Danach sieht Johannes das neue Jerusalem°, die heilige Stadt (vgl. Jes 52,1.2). Sie kommt aus dem Himmel von Gott hernieder. Sie ist wie eine für ihren Mann geschmückte Braut°; diese Schönheit wird sie in Ewigkeit behalten. Das neue Jerusalem ist ein Symbol für die Gemeinde. Fünf Dinge werden vom neuen Jerusalem gesagt: (a) die Stadt ist *heilig,* (b) sie ist eine *neue* Stadt, (c) ihre Herkunft und ihr Charakter sind *himmlisch,* (d) sie kommt von Gott - ihr Ursprung ist *göttlich,* (e) sie ist wie eine für ihren Mann geschmückte *Braut.*

Eine laute Stimme aus dem Thron sagt, dass die Hütte Gottes bei den Menschen ist. Gott wird bei ihnen auf der neuen Erde wohnen (eig. zelten, d. h. sich zeitweise dort aufhalten). Alle Menschen auf der neuen Erde gehören zum Volk Gottes, und Gott wird ihr Gott sein. Von jeher wollte Gott mit Menschen Gemeinschaft haben. Er hat sie nicht ihrem Schicksal und den Folgen der Sünde überlassen; das sehen wir schon im Garten Eden (1Mo 3). Jahrhunderte später, als Gott das Volk Israel aus Ägypten erlöst hatte, machte es Ihm eine Wohnung (2Mo 25–31). So kam Er auch später herab, um im Tempel zu wohnen (1Kön 8).

Gott selbst wird den Menschen ihre Tränen abwischen. Ist es nicht ergreifend, wie Gott sich hier als ein barmherziger und einfühlsamer Gott vorstellt? Es wird weder Tod noch Trauer noch Geschrei noch Schmerz mehr geben. Wie unendlich schön muss die neue Schöpfung Gottes sein, wenn man das mit dem vergleicht, was es in den vergangenen Jahrtausenden an Leid gegeben hat und heute noch gibt. Alles, was an die erste Schöpfung erinnert, wird einmal vergangen sein, Gott wird alles neu machen. Das klingt so unwirklich für menschliche Ohren, dass Johannes ausdrücklich gesagt wird, dass diese Worte gewiss und wahrhaftig sind. Daran gibt es keinerlei Zweifel. Alles, was Gott gesagt hat, ist absolut wahr und zuverlässig. Gott ist das Alpha° und das Omega. Er bürgt für die Erfüllung seines heiligen Wortes, dafür, dass es vom ersten bis zum letzten Buchstaben erfüllt wird, Er wacht über den Anfang und das Ende seines Wortes.

Es ist so, als würde Gott noch einmal in unsere Zeit hineinsprechen: Ist noch jemand da, der Durst nach Gott hat? Durst nach Sinnerfüllung seines Lebens? Er darf sich an Gott wenden. Hier erfährt er, dass Gott seinen Durst löschen kann und will. Allein *Er* kann Menschen das Lebenswasser geben (vgl. Joh 4,10), und zwar umsonst.

Noch gilt es zu überwinden, und es lohnt sich. Gott ist der Gott der Überwinder, und Er macht sie zu seinen Söhnen. Die Beschreibung des ewigen Zustandes endet mit einer Aufzählung der Menschen, die sich geweigert haben, mit der Sünde zu brechen. Insgesamt werden acht Kategorien von Sündern aufgezählt: Feige, Ungläubige, mit Gräueln Befleckte, Mörder, Hurer, Zauberer (Okkultisten), Götzendiener und Lügner. Das Teil all dieser Menschen ist im Feuersee, und das in alle Ewigkeit. Diese Worte sprechen für sich.

Das neue Jerusalem – kurze Übersicht (Offb 21,9–22,5)

1. Ein Engel nimmt Johannes mit und zeigt ihm die Stadt Jerusalem, wie sie aus dem Himmel herniederkommt (21,9.10)
2. Die Stadt hat die Herrlichkeit Gottes (21,11)
3. Ihre Mauer, Tore und Grundlagen (21,12–14)
4. Ihre Maße (21,15–17)
5. Das Material der Mauer (21,18)
6. Die Materialien der Grundlagen (21,19.20)

7. Die 12 Perlentore und die Straße aus Gold (21,21)
8. Die Stadt hat keinen Tempel und braucht kein physisches Licht mehr (21,22.23)
9. Die Nationen und die Könige der Erde in Beziehung zu der Stadt (21,24.26)
10. Die Tore werden nicht geschlossen - es gibt keine Nacht mehr in der Stadt (21,25)
11. Nichts Böses dringt in die Stadt ein (21,27)
12. Der Strom aus dem Thron Gottes (22,1)
13. Der Baum des Lebens und seine Früchte (22,2)
14. Kein Fluch mehr - der Thron Gottes und des Lammes ist darin - die Knechte Gottes werden ihm dienen und sein Angesicht sehen (22,3.4)
15. Der Herr, Gott, leuchtet über seinen Knechten - ihre Herrschaft dauert von Ewigkeit zu Ewigkeit (22,5)

Der nun folgende Abschnitt (21,9–22,5) beschreibt das neue Jerusalem im Friedensreich. Vor uns entfaltet sich ein eindrucksvolles Gemälde der Gemeinde. Einer der 7 Engel mit den 7 Schalen kommt zu Johannes und nimmt ihn mit auf einen großen und hohen Berg, um ihm die Braut°, die Frau des Lammes, zu zeigen. Doch was sieht er? Eine Stadt - die heilige Stadt Jerusalem.[49] Und sie wird in Zukunft eine bestimmte Funktion haben. In dieser Funktion und Herrlichkeit wird sie erst in Zukunft erscheinen. Johannes durfte sie schon damals so sehen. Er war übrigens, neben Petrus und Jakobus, der Einzige, der den Herrn Jesus bereits in seiner zukünftigen Herrlichkeit als König in seinem Reich gesehen hat (vgl. Mt 17,1–8 und 2Pet 1,16.17).

In Offenbarung 17 war es ebenfalls ein Engel (derselbe?), der Johannes eine andere Frau gezeigt hatte. Dort war es eine

[49] „Braut des Lammes“ ist bereits ein Bild für die Gesamtheit aller Gläubigen vom Pfingsttag an bis zur Entrückung (vgl. Eph 5,25–27.32; 2Kor 11,2). Andere Bilder für die Gemeinde sind das Haus Gottes und der Leib Christi. Die Gemeinde wird zwar auch als Familie Gottes gesehen, und zwar besonders in den Schriften des Johannes, doch würde ich hierbei ungern von einem Bild sprechen, denn die Schrift sagt, dass die Gläubigen Kinder Gottes und Söhne Gottes sind.

Hure, die Gewalt über die Könige der Erde hatte, die Hurerei mit ihr getrieben hatten. Sie ist ein Bild von der abgefallenen Christenheit, die Gott richten wird. Auch sie ist eine Stadt: Babylon. Nebenstehende Tabelle enthält einige Gegenüberstellungen zwischen der Braut und der Hure.

Die Hure	Die Braut
empfängt schreckliches Gericht	empfängt höchste Ehre und Herrlichkeit
liebt viele Männer	liebt den Mann der Schmerzen
sitzt in der Wüste	kommt aus dem Himmel hernieder
ihr Name: Babylon (= Verwirrung)	ihr Name: Jerusalem (= Gründung des Friedens)
in ihr finden sich Gewalttat und Verdorbenheit	sie ist eine heilige Stadt
sie ist betrunken vom Blut der *Heiligen*	in ihr sind die *Heiligen*
bekleidet mit Purpur und Scharlach, Gold, Edelgestein, Perlen (menschliche Herrlichkeit)	bekleidet mit feiner Leinwand und der Herrlichkeit Gottes

Das neue Jerusalem hat die Herrlichkeit Gottes. Als der Herr Jesus Mensch wurde, machte Er sich selbst zu nichts und entleerte sich seiner Herrlichkeit (Phil 2,6.7). Später erniedrigte Er sich und wurde gehorsam bis zum Tod am Kreuz. Danach weckte Gott Ihn aus den Toten auf und verherrlichte Ihn; diese Herrlichkeit hat Er mit den Seinen geteilt, ja, Er hat sie ihnen gegeben: „Und die Herrlichkeit, die du mir gegeben hast, habe ich ihnen gegeben" (Joh 17,22). Hier in Offenbarung 21 haben wir eine Bestätigung für diese Aussage des Herrn Jesus.

Vom neuen Jerusalem geht ein starker Lichtglanz aus wie ein kristallheller Jaspisstein. Sie hat eine große und hohe Mauer von 144 Ellen (ca. 70 m) Dicke. Die Länge, Breite und Höhe der Stadt sind jeweils 12.000 Stadien (ca. 2220 km)[50]. Die Mauer

[50] Ein Stadion entspricht ungefähr 185–190 m.

bewirkt eine vollständige Trennung zwischen dem Heiligen und dem Unheiligen (vgl. Hes 42,20). Die Stadt hat aber nicht nur eine große Mauer, sondern auch 12 Tore°, die Kontakt nach innen und nach außen ermöglichen: Die Stadt wird ein Segen für andere sein. Die Zahl° 12 symbolisiert Verwaltung.

Der Engel, der mit Johannes redet, misst mit einem goldenen Rohr° die Stadt, ihre Tore und ihre Mauern. Das Messen bedeutet, dass Gott das Gemessene als sein Eigentum betrachtet (vgl. Offb 11,1; Hes 40,3.5; Sach 2,5.6.16). Sowohl die Abmessungen der Stadt als auch die Dicke der Mauer sind jeweils ein Mehrfaches der Zahl 12. Alle Zahlen deuten auf die Regierungsfunktion dieser Stadt hin. Die Mauer ist aus Jaspis. Auf den Grundlagen der Mauer sind nicht nur die Namen der Apostel vermerkt, sie sind auch mit wertvollen Edelsteinen geschmückt, die einzeln aufgezählt werden. Jeder Stein reflektiert bei Licht seine eigene Herrlichkeit.

Die Stadt ist aus reinem Gold°, was auf ihren unermesslichen Wert für Gott hindeutet. Das Gold ist wie reines Glas, ein Hinweis darauf, dass es in der Stadt keinerlei Unreinheit mehr gibt. Sie entspricht völlig dem Licht und der Herrlichkeit Gottes. Die 12 Tore° in der Mauer sind aus je einer Perle. Die Perlen zeigen die Wertschätzung Christi für die Stadt; Er hat sie sich erkauft (vgl. Mt 13,45.46). Die Stadt mit den riesigen Abmessungen hatte nur *eine* Straße. Sie ist der Ort der Begegnung und Kommunikation.

Die Stadt hat keinen Tempel. Gott wohnte früher in der Stiftshütte und im Tempel, und zwar im Allerheiligsten, das nur der Hohepriester einmal im Jahr am großen Versöhnungstag betreten durfte (3Mo 16). Im neuen Jerusalem gibt es keinen Tempel, weil Gott in unmittelbarer Nähe zu den Bewohnern der Stadt steht; Vermittlung durch Priester ist nicht mehr erforderlich. Auch braucht die Stadt weder das Licht der Sonne noch des Mondes. Das ist aus zwei Gründen nicht nötig: Die Herrlichkeit Gottes erleuchtet sie, und das Lamm ist die Lampe. So wie der Herr Jesus während seines Erdenlebens das Licht der Welt war, so wird Er im neuen Jerusalem das Licht sein.

Die Nationen werden im Friedensreich buchstäblich zum irdischen Jerusalem hinaufziehen, um von Gott aus dem Gesetz und dem Wort Gottes belehrt zu werden (Jes 2,2.3), doch das eigentliche Licht wird vom neuen Jerusalem ausgehen. Die Könige der Erde werden kommen, um den HERRN, den König der Heerscharen, anzubeten (Sach 14,16; Jes 60,11). Zugleich werden sie ihre Herrlichkeit (Zeichen ihrer Achtung) zum neuen Jerusalem bringen.[51] Hier gibt es keine Nacht mehr, die Tore werden niemals mehr geschlossen. Wer befugt ist, die Stadt zu betreten, kann das jederzeit tun.[52]

---

[51] Wie sollen wir es uns vorstellen, dass die Herrlichkeit und Ehre der Nationen zum neuen Jerusalem gebracht werden? Sind die verherrlichten Gläubigen außer den Gläubigen, die zur Gemeinde gehören, die Mittler, die die Herrlichkeiten dorthin bringen? Eins ist jedenfalls klar: Wenn es auch auf der Erde noch Sünde gibt und das Gericht auf Böses schnell ausgeführt wird - in das neue Jerusalem kann nichts Sündiges eingehen. Die Stadt werden nur solche betreten, deren Namen im Buch des Lebens des Lammes stehen.

[52] Wer sind die Personen, die Zutritt zum neuen Jerusalem haben? Sind es die Gläubigen der jetzigen Haushaltung der Gnade, die zur Gemeinde gehören? Wohl kaum, denn sie selbst bilden ja das neue Jerusalem. Sind es andere verherrlichte Heilige wie z. B. die Gläubigen aus der Zeit des Alten Testaments und die Heiligen, die am Ende der Gerichtsperiode auferweckt werden (Offb 20,6)? Sind sie sogar die Bewohner der Stadt? Ist Abraham, der diese Stadt erwartete, unter ihnen? All das sind Fragen, bei deren Beantwortung wir zurückhaltend sein wollen, damit wir nicht in Spekulationen verfallen und über das hinausgehen, was die Schrift eindeutig sagt.

Kapitel 22

1. Aus dem Thron kommt ein Strom von Wasser des Lebens hervor; der Baum des Lebens trägt jeden Monat Frucht. In der Stadt gibt es keinen Fluch mehr; der Thron Gottes ist darin (V. 1–5).
2. Gott hat seinen Engel gesandt, um seinen Knechten zu zeigen, was bald geschehen würde. Der Herr verheißt sein baldiges Kommen (V. 6.7).
3. Johannes soll nicht den Engel anbeten, sondern Gott (V. 8.9).
4. Die Worte der Weissagung sollen nicht versiegelt werden, weil die Zeit nahe ist (V. 10.11).
5. Jesus verheißt erneut sein Kommen und entsprechenden Lohn (V. 12.13).
6. Glückselig sind die, die sich durch das Waschen ihrer Kleider ein Recht am Baum des Lebens erwerben und in die Stadt eingehen können, wovon die Sünder ausgeschlossen sind (V. 14.15).
7. Diese Dinge sollen den Gemeinden bezeugt werden. Jesus ist die Wurzel und das Geschlecht Davids, der glänzende Morgenstern. Die Antwort des Geistes und der Braut ist: Komm! – Noch kann jeder das Lebenswasser umsonst bekommen (V. 16.17).
8. Der Fluch, falls jemand dem Buch der Offenbarung etwas hinzufügt oder davon wegnimmt (V. 18.19).
9. Der Herr bezeugt letztmalig sein baldiges Kommen. Darauf folgt der Zuruf: „Amen; komm, Herr Jesus!" (V. 18–21).

Dieses Kapitel setzt in den ersten 5 Versen die Beschreibung des neuen Jerusalem fort. Johannes sieht einen Strom von Wasser des Lebens.[53] Der Strom kommt aus dem Thron° Gottes und des Lammes° hervor. Er bringt Segen und Erquickung für die Stadt selbst und für die Regierung über die gereinigte Erde. In Kapitel 4,5 war der Thron der Ursprung für die Gerichtszeichen wie Blitze°, Stimmen und Donner°, nun ist derselbe Thron Ursprung und Quelle allen Segens.

[53] Siehe die Parallelen zum irdischen Jerusalem und Tempel in Hesekiel 47.

In der Mitte der Straße und des Stromes, diesseits und jenseits, war der Baum° des Lebens. Möglicherweise läuft der Strom mitten durch die Straße, und auf beiden Seiten des Stromes befindet sich der Baum° des Lebens. Der Baum ist ein Bild vom Herrn Jesus, von dem sich die Bewohner der Stadt ernähren. Den Baum der Erkenntnis des Guten und Bösen (1Mo 2) wird es nicht mehr geben; in die Stadt kann Böses nicht mehr eindringen. Der Baum° gibt während des ganzen Jahres Früchte; seine Blätter sind zur Heilung der Nationen (vgl. Hes 47,12).[54] In der Stadt gibt es keinen Fluch mehr, denn der Fluch ist eine Folge der Sünde. Auf der Erde wird es im Friedensreich zwar noch Sünde geben, nicht aber in der Stadt.

Der Thron Gottes und des Lammes ist in der Stadt. Die Regierung im Friedensreich hat ihren Ursprung in Gott und dem Lamm. Gott und das Lamm werden als Einheit gesehen. Alle Regierung hat Gott dem Herrn Jesus übergeben (Mt 28,18; 1Kor 15,27). Er wird sie in Verbindung mit dieser Stadt ausüben.

Die Knechte° des Lammes sind zugleich die Knechte Gottes; sie werden Ihm *dienen* (d. h. Gottesdienst üben). Diesen Dienst werden die Bewohner der Stadt mit Freuden ausüben, da sie das Angesicht Gottes sehen, d. h. sie stehen in seiner uneingeschränkten Gunst (vgl. Est 1,14; 1Kön 10,24; Mt 18,10). Gibt es etwas Größeres, als in der Gunst Gottes zu stehen, eines Gottes, dessen Liebe, Güte und Barmherzigkeit kein Geschöpf beschreiben kann? Sein Name wird an ihren Stirnen sein. Sie gehören Gott und dem Lamm.

Im neuen Jerusalem wird es keine Nacht mehr geben, auch kein Bedürfnis mehr nach physischem Licht. Die Gegenwart Gottes erleuchtet die Stadt. Gott wird in unmittelbarer Beziehung zu Menschen stehen, die Er auserwählt hat, um Gemeinschaft mit ihnen zu haben. Abschließend erfahren wir, dass die Herrschaft der Knechte nicht auf 1000 Jahre beschränkt ist,

[54] Was bedeutet die Heilung der Nationen? Ist es das Heilen von Krankheiten, oder bezieht sich die Heilung auf das Verhältnis der Völker zueinander? Vielleicht trifft beides zu.

sondern in Ewigkeit nicht endet. Es wird also immer eine bestimmte Form der Regierung geben.

Schlussbemerkungen

Nachdem der Engel Johannes alles gezeigt hat, sagt er noch einmal zu ihm, dass diese Worte „gewiss [o. zuverlässig, treu] und wahrhaftig" sind. Gott weiß, wie schnell Zweifel in uns Menschen aufsteigen können, ob nun alles wirklich so geschehen wird. Gott selbst war es, der seinen Engel gesandt hatte, um seinen Knechten° zu zeigen, was bald geschehen müsse (vgl. 1,1.2; 22,16). Johannes ist nicht eigenen Phantasien gefolgt. Schließlich ist es in Vers 7 der Herr Jesus selbst, der sein baldiges Kommen erklärt. Auch fügt Er eine Glückseligpreisung - die letzte im Buch der Offenbarung - für den hinzu, der die Worte der Weissagung dieses Buches bewahrt.[55] Es ist ein großer Segen, das Wort Gottes zu hören, doch tun wir es auch?

Johannes ist von allem, was er sieht, so überwältigt - besonders vom neuen Jerusalem? -, dass er erneut niederfällt, um den Engel anzubeten (vgl. 19,10). So sehr Gott Engel auch zum Segen gebrauchen mag, Anbetung gebührt ihnen nicht, sondern nur Gott. Der Engel stellt sich auf die gleiche Stufe wie Johannes und nennt sich seinen „Mitknecht" und den seiner Brüder. Johannes soll sein Buch nicht versiegeln, wie Daniel es seinerzeit tun musste (Dan 12,4). Die Zeit ist nahe. Die Offenbarung ist kein „Buch mit sieben Siegeln". Wir sollten dieses letzte Buch der Bibel immer wieder lesen, durchforschen und Gott bitten, es uns aufzuschließen. Das fördert die Erwartung des Kommens des Herrn Jesus. Wer meint, Unrecht tun zu müssen, möge es weiterhin tun, so auch, wer unrein ist, möge weiterhin unrein sein. Die Zeit, sich zu bekehren, läuft ab. Andererseits sollen die Gläubigen weiterhin Gerechtigkeit üben und ein geheiligtes Leben führen. Sie sind es, denen Lohn verheißen wird. Nichts von dem, was Gläubige aus Liebe zum Herrn tun, wird vergessen werden.

---

[55] Hier heißt es nicht „liest und hört" (1,3). Wer in Kapitel 22 angekommen ist, hat ja gelesen und gehört.

Christus stellt sich noch einmal vor als das Alpha° und das Omega, als der Erste und der Letzte, als der Anfang und das Ende (vgl. 1,8.17; 2,8; 21,6). Als das Alpha° und das Omega ist Er der Anfang und das Ende des Wortes Gottes, als der Erste und der Letzte ist Er der Auferstandene und ewig Existierende und als Anfang und Ende der Schöpfer und das Ziel aller Dinge.

Noch ist es möglich, sich mit seiner Schuld an Gott zu wenden und Vergebung zu erhalten; dadurch bekommt man weiße Kleider, ein Recht am Baum° des Lebens und kann man in die Stadt, das neue Jerusalem, hineingehen. Dieser Eintritt ist für Sünder, die sich nicht bekehren, nicht möglich (vgl. 21,8).

Noch einmal betont der Herr, dass Er seinen Engel gesandt habe, damit alles in den Gemeinden bezeugt würde. So ist es heutzutage die Aufgabe von Dienern des Herrn, die Gläubigen in das Buch der Offenbarung einzuführen. Er stellt sich letztmalig als Wurzel° und Geschlecht Davids vor und als glänzender Morgenstern°. Als Antwort darauf sagen der Geist und die Braut°: „Komm!" In diesen Ruf soll jeder einstimmen. Oder ist noch jemand da, der das Wasser des Lebens noch nicht getrunken hat? Dann möge er es heute tun. Er bekommt es umsonst.

Schließlich fügt der Herr eine Warnung hinzu: Man darf von den Worten der Offenbarung nichts wegnehmen, aber ihnen auch nichts hinzufügen. Sonst wird der Herr ihm die Plagen, von denen in diesem Buch geschrieben steht, hinzufügen bzw. sein Teil vom Baum° des Lebens wegnehmen. Als Grundsatz gilt das für das ganze geschriebene Wort Gottes.

Ein letztes Mal bezeugt der Herr sein baldiges Kommen. Und der Gläubige sagt von Herzen: „Amen, komm, Herr Jesus!" Das Buch endet mit dem Wunsch um Gnade für alle Heiligen:

„Die Gnade des Herrn Jesus Christus
sei mit allen Heiligen!"

Anhang 1 - Begriffslexikon

Abgrund (9,1.2.11; 11,7; 17,8; 20,1.3): griech. *abyssos*, bodenlose Tiefe. Aus dem Abgrund kommen Heuschrecken (dämonische Mächte) und das wiedererstehende Römische Reich (Europa) (11,7; 17,8). Nachdem Satan gebunden ist, wird er für 1000 Jahre in den Abgrund geworfen (20,3).

Adler (4,7; 8,13; 12,14): König der Lüfte; Bild der Schnelligkeit. Eins der lebendigen Wesen ist wie ein Adler (4,7). Vor den letzten drei Posaunengerichten fliegt ein Adler inmitten des Himmels (8,13). Der Frau (Israel) werden Adlerflügel gegeben, damit sie in die Wüste fliegen kann, um dort bewahrt zu werden (12,14).

Allmächtiger (1,8; 4,8; 11,17; 15,3; 16,7.14; 19,6.15; 21,22): Name Gottes; hebr. *El Schaddai*, Gott als Erfüller aller Verheißungen. *El Schaddai* versprach Abraham, als er und Sara nicht mehr zeugungsfähig waren, einen Nachkommen (1Mo 17,1). So wird Gott seine Verheißungen an Israel erfüllen; für Ihn ist kein Ding unmöglich (vgl. Lk 1,37). Der Name „Allmächtiger" kommt zusammen mit „Herr, Gott" (*Jahwe Elohim*) vor in Kapitel 4,8; 11,17; 15,3; 16,7; 19,6; 21,22; als „Gott, der Allmächtige" in Kapitel 16,14 und 19,15.

Alpha und Omega (1,8; 21,6; 22,13): Erster und letzter Buchstabe des griech. Alphabets. Gott selbst bürgt für die Erfüllung des geschriebenen Wortes Gottes. Christus ist das große Thema der Schriften, der Anfang und das Ende der Offenbarung Gottes. Die Schriften zeugen von Ihm (Joh 5,39). Er ist das Wort Gottes (Joh 1,1; Offb 19,13).

Altar (6,9; 8,3.5; 11,1; 14,18; 16,7): *Altar* ohne Zusatz bezeichnet den Brandopferaltar, der im Vorhof stand (2Mo

27,1–8); dort wurden die Brandopfer und Teile anderer Opfer geräuchert. Von dort nahm Aaron Feuer und ging mit Räucherwerk ins Heiligtum, um es auf dem Räucheraltar zu räuchern (3Mo 16,12; Offb 8,3.5). Das Blut der Opfertiere wurde an den Altar gesprengt oder an den Fuß des Altars geschüttet. Das Blut der Märtyrer wurde ebenfalls „in den Tod ausgeschüttet"; damit sind ihre Seelen unter dem Altar (6,9). Die Anbetung Gottes geschieht am Altar (11,1). Ein Engel kam aus dem Altar - unter dem die Seelen der Märtyrer waren - und forderte zum Gericht auf (14,18). Der Altar bestätigt Gottes gerechte Gerichte (16,7).

Altar, goldener (8,3; 9,13): Der Räucheraltar war aus Akazienholz, mit reinem Gold überzogen, und stand im Heiligtum; auf ihm wurde Räucherwerk° verbrannt (2Mo 30,1–6). Der Engel hat Räucherwerk und gibt damit den Gebeten der Heiligen, die während der Zeit der Gerichte auf der Erde sind, Kraft (8,3). Eine Stimme kommt aus den Hörnern° des goldenen Altars und gibt dem Engel der 6. Posaune Befehl, die Engel am Euphrat zu lösen (9,13.14).

Älteste, vierundzwanzig (4,4.10; 5,5.6.8.11.14; 7,11.13; 11,16; 14,3; 19,4): das sind auferstandene und verherrlichte Heilige, die vor den Gerichten in den Himmel entrückt werden. Dazu zählen die Gläubigen der Gemeinde, aber auch die Gläubigen aus der Zeit des Alten Testaments, auch wenn sie nicht zur Gemeinde gehören; sie alle werden beim Kommen Jesu zur Entrückung auferweckt und in den Himmel aufgenommen (sie sind die „Toten in Christus"; 1Thes 4,16). Die Zahl 24 weist hin auf 24 Priester-Abteilungen, die Häupter der Priesterfamilien (1Chr 24,25). Die Ältesten sitzen auf Thronen, haben Einsicht in die Gedanken Gottes, Weisheit, Reife, Urteilsfähigkeit. 24 ist 2 x 12; die Zahl° 12 ist die Zahl der Regierung und Verwaltung (vgl. 12 Stämme Israels und 12 Apostel der Gemeinde). Die Ältesten werden zum letzten Mal in Kapitel 19,4 erwähnt, kurz vor der Beschreibung der Hochzeit des Lammes. Ein Teil der Ältesten (die Gläubigen, die zur Gemeinde gehören) bilden die Braut des Lammes, der andere Teil (die AT-Gläubigen) sind die geladenen Gäste.

Antichrist : siehe *Prophet, der falsche.*

Apostel, falsche (2,2): Falsche Apostel wurden von Ephesus als Lügner befunden (vgl. Apg 20,29.30). Nach dem Ableben der Apostel wollten falsche Apostel die Herde verderben. Einige Kennzeichen der falschen Apostel findet man in 2. Korinther 11,13–20. Sie führten Gläubige u. a. zum Gesetz zurück.

Armagedon (16,16): hebr. *Harmagedon* (Berg oder Gebirge Megiddo). Megiddo ist das bekannte Schlachtfeld in der Ebene Jisreel, wo viele Kriege stattgefunden haben und manche Könige den Tod gefunden haben (Ri 4,7.24; 5,19; 6,33; 7,1; 1Sam 31,1; 1Kön 9,15–19; 2Kön 9,27; 23,29). Ein Vergleich von Kapitel 16,16 mit Kapitel 19,19 zeigt, dass Harmagedon der Ort ist, wo das Tier, der falsche Prophet, die Könige der Erde und ihre Armeen gerichtet werden.

Augen (1,14; 2,18; 4,6; 5,6; 19,12): Symbol für Erkenntnis und Einsicht. Christus ist nichts verborgen, seine Augen sind wie eine Feuerflamme. Das Gericht, das Er ausführt, entspricht seiner Heiligkeit (1,14; 2,18; 19,12). Die lebendigen Wesen° haben Augen vorn und hinten, sie sehen alles, was in der Vergangenheit geschehen ist und was in Zukunft geschieht (4,6). Das Lamm° hat 7 Augen, seine Allwissenheit (5,6).

Babylon (14,8; 16,19; 17,5; 18,2.10.21): wörtl. *Verwirrung* (vgl. 1Mo 11,9). Babel wird erstmalig in Verbindung mit dem Machtmenschen Nimrod erwähnt (1Mo 10,10), danach in 1. Mose 11 in Verbindung mit dem Turmbau, wo die Menschen sich eine Stadt bauen wollten und einen Turm, der bis zum Himmel reichen sollte. Daraufhin zerstreute der HERR sie über die Erde und verwirrte ihre Sprache. Deshalb bekam die Stadt den Namen *Babel.* Babel ist das Symbol für Selbsterhebung und Unterwerfung anderer einerseits und andererseits der Versuch, sich zusammenzuschließen und etwas Großes zu bauen. Im NT ist Babylon ein Bild für die abtrünnige Christenheit. Babylon ist der Name der Hure, die beansprucht, die wahre Braut Christi zu sein, und mit den Königen der Erde Hurerei treibt (Kap. 17). Babylon ist zugleich der Name der

Stadt, die ein Bild der Zivilisation, Kultur und Wirtschaftsmacht der abgefallenen Christenheit ist (Kap. 18). Beide Kapitel beschreiben das Gericht an Babylon, das bereits in Kapitel 14,8 und 16,19 angekündigt wird.

Baum/Bäume (7,1; 9,4): Machtgebilde (Reiche) oder Führerpersönlichkeiten (Mt 3,10; Mk 8,24), die Menschen Schutz bieten. Im Gleichnis vom Feigenbaum sagt der Herr Jesus, dass nicht nur der Feigenbaum, sondern alle Bäume ausschlagen würden (Lk 21,29–31). Bei diesen Bäumen kann man an alte Staaten vor allem im Nahen Osten denken (Syrien, Ägypten, Philistäa – Palästinenser/Gazastreifen), Edom (Saudi-Arabien?). Assur wird in Hesekiel 31 als großer Baum gesehen. Vom Reich der Himmel (in der heutigen Zeit die Christenheit) sagt der Herr, dass es zu einem sehr großen Baum werden würde (Mt 13,32).

Baum des Lebens (2,7; 22,2.14.19): Bild von Christus, an dem die Gläubigen Anteil haben und von dem sie sich ernähren. Christus ist sowohl für den Überwinder (2,7) als auch für die Bewohner des neuen Jerusalem eine Quelle der Erquickung. Der Baum des Lebens im neuen Jerusalem gibt das ganze Jahr über Frucht, wovon die Bewohner des neuen Jerusalem essen; die Blätter des Baumes dienen den Nationen zur Heilung (vgl. Hes 47,12).

Berg (6,14.15.16; 8,8; 16,20; 17,9; 21,10): mächtiges Reich oder Herrscher (vgl. Ps 46,3f.; Jes 40,4; 64,1.3; Jer 51,25; Dan 2,35.44; Mi 6,1f.; Hab 3,10; Sach 4,7; Mt 17,20; 21,21). In Kapitel 17,9 sind die 7 Berge ein Hinweis auf die Siebenhügelstadt Rom. In Kapitel 21,10 wird Johannes auf einen Berg geführt, damit er einen guten Ausblick auf das neue Jerusalem hat.

Berg Zion (14,1): siehe *Zion*.

Bild des Tieres (13,14.15; 14,9.11; 15,2; 16,2; 19,20; 20,4): Götzen- oder Gräuelbild vom Herrscher des kommenden Römischen Reiches (Europa); die Bewohner der Erde müssen ihm das Bild machen. Das zweite Tier (Antichrist, falscher

Prophet°) wird dem Bild des Tieres Odem geben (13,14.15). Dieses Bild ist wohl der „Gräuel der Verwüstung", von dem der Herr mit Bezug auf den Propheten Daniel gesprochen hat. Das Gräuelbild wird im Tempel aufgestellt werden (Dan 9,27; Mt 24,15). Die Anbeter des Tieres und seines Bildes werden dafür gerichtet, dass sie das Bild anbeten (14,9,11; 16,2; 19,20); die Überwinder des Tieres lehnen diese Anbetung ab (15,2; 20,4).

Bileams, Lehre (2,14): Bileam wurde vom moabitischen König Balak angeheuert, das Volk Israel zu verfluchen. Gott zwang ihn jedoch gegen seinen Willen, das Volk zu segnen (4Mo 22–24). Danach gab Bileam Balak den Rat, die Israeliten zu den Götzenmahlzeiten einzuladen. Die Lehre Bileams ist das Einführen unheiliger Verbindungen unter das Volk Gottes. Götzenmahlzeiten waren mit Hurerei verbunden. Symbolisch ist Hurerei die Verbindung des Gläubigen zur Welt (vgl. Jak 4,4). Götzendienst und Hurerei sind ein Fallstrick für das Volk Gottes.

Blitz (4,5; 8,5; 11,19; 16,18): Zeichen des Gerichts, das plötzliche, heftige Einsetzen der Gerichte (vgl. Mt 24,27; Ps 18,14).

Braut (21,2.9; 22,17): Die Braut des Lammes sind die Gläubigen der Gnadenzeit vom Pfingsttag an bis zur Entrückung (vgl. Eph 5,25–27; 2Kor 11,2), allein sie gehören zur Gemeinde. Bei der Hochzeit ist die Braut in feine Leinwand gekleidet. In dieser Schönheit erscheint sie öffentlich zu Beginn des Friedensreiches (21,9) und auch nach der Erschaffung eines neuen Himmels und einer neuen Erde (21,2). Sie wird im Bild einer Stadt gesehen, in der und mit der Christus in Zukunft regieren wird. Die Braut sehnt sich nach dem Kommen Christi, ihres Bräutigams (22,17).

Buch (5,1.2.3.4.5.7.9): Das Buch oder die Buchrolle (vgl. den Kaufbrief in Jer 32,6–15) ist ein Symbol für die Besitzansprüche an die Erde: (a) Wer besitzt Himmel und Erde (vgl. 1Mo 14,19) und (b) wer kann sie erlösen? Es ist das Lamm, das durch das Werk auf dem Kreuz nicht nur Menschen erkauft hat, sondern auch die ganze Welt (vgl. Mt 13,38.44). Die Erde wird durch Gericht von der Sünde befreit und dadurch passend, im Friedensreich große Segnungen zu empfangen.

Buch des Lebens (3,5; 13,8; 17,8; 20,12.15; 21,27): Beim Ausdruck „Buch des Lebens" kann es sowohl um dauerhaftes, ewiges Leben gehen (Phil 4,3; Offb 3,5; 13,8; 17,8; 20,12.15; 21,27) als auch um irdisches, leibliches Leben (2Mo 32,32.33; Ps 69,28). Aus dem Buch des Lebens des Lammes, worin die Namen der gläubigen, wiedergeborenen Menschen stehen, kann kein Name gelöscht werden, wohl aber aus dem Buch des irdischen Lebens, was den physischen Tod zur Folge hat.

Büchlein, geöffnetes (10,2.8.9.10): Das Büchlein enthält Offenbarungen aus der Zeit des Alten Testaments, die bereits bekannt waren. In Kapitel 5 war die Buchrolle geschlossen und musste erst geöffnet werden; sie bezog sich auf Gottes Ratschlüsse bezüglich der gesamten Erde. Hier ist es ein kleines Büchlein, weil es lediglich Gottes Plan mit einer Stadt, Jerusalem, enthält (siehe Kap. 11).

Bundeslade (11,19): Tempel und Bundeslade waren die zentralen Elemente des jüdischen Gottesdienstes, der Wohnung Gottes unter seinem Volk. Gott wohnte im Tempel, und über der Bundeslade thronte Er (1Chr 13,6). Die Bundeslade ist das besondere Zeichen des Bundes Gottes mit seinem Volk. Hier wird die Bundeslade im Tempel im Himmel gesehen. Gott knüpft also an seine frühere Beziehung zum Volk Israel und seine entsprechenden Verheißungen an.

Buße (2,5.16.21.22; 3,3.19; 9,20.21; 16,9.11): griech. *metanoia;* eig. Gesinnungswechsel; echte Umkehr; in der Regel im NT auf Ungläubige bezogen. Wenn Gläubige abgewichen sind, müssen sie ebenfalls Buße tun.

Diadem (12,3; 13,1; 19,12): o. Stirnbinde, eig. Abzeichen der Königswürde bei den Persern, ein mit weiß verziertes

Band im Turban. In der Offenbarung tragen der Drache, der Herrscher Europas und Christus bei seinem Wiederkommen Diademe.

Dieb (3,3; 16,5): Das Kommen Christi wie ein Dieb gilt nicht den Gläubigen, sondern der Welt (Mt 24,43; Lk 12,39; 1Thes 5,2; 2Pet 3,10; Offb 3,3; 16,15). Christus kommt zum Gericht für die Welt völlig unerwartet. Die Gläubigen erwarten Ihn - wenn es gut steht - als Bräutigam.

Donner (4,5; 6,1; 8,5; 10,3.4; 11,19; 14,2; 16,18; 19,6): Das machtvolle Reden Gottes im Gericht (als Folge des Blitzes°) (vgl. Ps 29). Die Stimme von Harfensängern ist wie das Rauschen großer Wassermengen und wie das Rollen eines lauten Donners (14,2).

Drache (12,3.4.7.9.13.16.17; 13,2.11; 16,13; 20,2): Bezeichnung für Satan (Kap.12). Er gibt dem Tier die Herrschaft über das Römische Reich (Europa); das erste Tier hat Ähnlichkeit mit dem Drachen und repräsentiert dessen Herrschaft, doch letztlich liegt sie in den Händen Satans. Das zweite Tier (Antichrist, falscher Prophet°) redet wie ein Drache (13,11).

In der Offenbarung finden wir vier Bezeichnungen für Satan (12,9): (a) *Drache* = despotischer Herrscher und Verderber, vor allem Israels (nur in der Offenbarung wird Satan *Drache* genannt); (b) *alte Schlange* = listiger Verführer (vgl. 1Mo 3); (c) *Teufel* [*diabolos*] = der Durcheinanderwerfer, Zerstörer der Ordnungen Gottes; (d) *Satan* = der Widersacher Gottes.

Drangsal, große (7,14): Die Zeit der großen Drangsal entspricht den letzten 3½ Jahren der letzten Jahrwoche aus Daniel 9,24-27. Diese Zeitspanne geht dem Tausendjährigen Reich unmittelbar voraus. Die gesamte Woche von 7 Jahren ist die Zeit der „Stunde der Versuchung"°. Die große Drangsal ist besonders eine Drangsal für das Volk Israel (Jer 30,7; Mt 24,15ff.).

Erstgeborener (1,5): *Erstgeborener* bezeichnet ursprünglich die Geburtsfolge, kann aber auch eine verliehene Vorrangstellung bedeuten (Ps 89,27; Kol 1,15.18); in Bezug auf Christus deutet dieser Titel seine Vorrangstellung als Mensch an, sowohl während seiner Erdentage als auch als der Auferstandene (vgl. Kol 1,18).

Engel, ein anderer (7,2; 8,3; 10,1): Der *andere Engel* ist in den angegebenen Stellen Christus. Der Engel Jahwes oder des HERRN im AT ist Christus, bevor Er als Mensch geboren wurde. Er wird auch der *Engel des Bundes* genannt (Mal 3,1).

Engel, sieben: siehe *Sterne, sieben*.

Erdbeben (6,12; 8,5; 11,13; 11,19; 16,18): Erschütterungen der Zivilisation. Die Erde oder Städte (ein Bild des geordneten Zusammenlebens der Menschen) werden erschüttert. Jerusalem wird beim Tod und der Auferstehung der zwei Zeugen von einem Erdbeben getroffen (11,13).

Erdkreis (3,10; 12,9; 16,14): griech. *oikoumenes*. Hauptsächlich das Gebiet des Römischen Reiches (vgl. Lk 2,1). Die Könige des ganzen Erdkreises sind die Könige Europas (17,12–14).

Evangelium, ewiges (14,6): Das ewige Evangelium wird zwei Gruppen verkündigt: (a) den Menschen, die auf der Erde ansässig sind, und (b) jeder Nation, jedem Stamm, jeder Sprache und jedem Volk; das sind die heidnischen Länder (vgl. 13,7.8). Das ewige Evangelium unterscheidet sich vom „Evangelium der Gnade" (Apg 20,24), das heutzutage verkündigt wird, und vom „Evangelium des Reiches", das von Johannes dem Täufer (Mt 3,1.2) und vom Herrn selbst verkündigt wurde (Mt 4,24). Auch in Zukunft wird das Evangelium des Reiches von gottesfürchtigen Juden weltweit verkündigt werden (Mt 24,14). Während der großen Drangsal wird das ewige Evangelium verkündigt, wobei die Menschen aufgefordert werden, sich zu Gott als dem Schöpfer zu bekehren, Ihn zu ehren und anzubeten.

Feuer (3,18; 8,5.7.8; 9,17.18; 11,5; 13,13; 14,10.18; 15,2; 16,8; 17,16; 18,8; 20,9; 21,8): Symbol der verzehrenden Heiligkeit

Gottes (Heb 12,29), in der Er das Gericht ausführt. Hagel mit Feuer (Blitzen°) ist ein Gewitter, schweres Gericht.

Flügel (4,8): Schnelligkeit bei der Ausführung der Gerichte. In Jesaja 6 bedecken die Seraphim mit zwei Flügeln das Angesicht, mit zweien die Füße und mit zweien fliegen sie. Sie erachteten sich nicht für würdig, den König in seiner Herrlichkeit zu betrachten (Ehrerbietung); auch nicht, Ihm zu dienen (Demut im Dienst), und sie fliegen (beständige Dienstbereitschaft). Die Frau in Kapitel 12 bekommt die Flügel eines Adlers, damit sie schnell in die Wüste fliehen kann.

Frau (12,1.4.6.13–17): In Offenbarung 12 ist die Frau ein Bild von Israel; sie gebiert den Messias (V. 5). Im Alten Testament wird Israel an verschiedenen Stellen mit einer Mutter verglichen (Hes 23; Jes 50; Hos 2). Die Frau ist mit der Sonne, dem Zeichen höchster Autorität, bekleidet. Der Mond ist unter ihren Füßen: alle abgeleiteten Autoritäten werden ihr einmal unterstehen.

Geister, sieben (1,4; 3,1; 4,5; 5,6): Bezeichnung für den Heiligen Geist in der Vielfalt seines Wirkens im Gericht (vgl. Jes 11,2). Sein Wirken ist dennoch einheitlich.

Gewand, weißes (6,11; 7,9.13.14): Bekleidung der Märtyrer und der Personen, die aus der großen Drangsal kommen als Zeichen der Anerkennung und des Sieges; zugleich ein Symbol für den Empfang der Gerechtigkeit Gottes und der Priesterwürde (vgl. Offb 20,4–6).

Gold wie reines Glas (21,18.21): Gold ist das Symbol für die Herrlichkeit Gottes (Hi 37,22). Die Herrlichkeit und der Reichtum des neuen Jerusalem übersteigen jede Vorstellung. Das Gold ist durchsichtig wie Glas: Es gibt keinerlei Unreinheit mehr wie auf der Erde. Die Stadt entspricht absolut dem Licht und der Herrlichkeit Gottes.

Gras, grünes (8,7; 9,4): irdisches Wohlergehen (Jes 5,6; Sach 10,1); die Herrlichkeit des natürlichen Menschen (1Pet 1,24).

Hades (1,18; 6,8; 20,13.14): griechisch für *Unterwelt*; der Aufenthaltsort der Geister der Verstorbenen. Im Hades sind die ungläubigen Toten; die entschlafenen Gläubigen sind im Paradies (vgl. Lk 16,19ff.; 23,43). Der Hades ist ein Ort, wo sich die ungläubigen Toten vorübergehend aufhalten. Am Ende des Friedensreiches werden sie auferstehen und für ewig gerichtet; dann wird der Hades in den Feuersee geworfen (Offb 20,11–15).

Hagel (8,7; 11,19; 16,21): gefrorener Regen. Der Regen des Himmels gibt fruchtbare Zeiten und erfüllt die Herzen der Menschen mit Speise und Fröhlichkeit (Apg 14,7; vgl. die 7. Plage in 2Mo 9,13–35; siehe auch Hi 38,22.23; Ps 105,32). Durch den Hagel vernichtet Gott den Segen.

Herr, Gott (1,8; 4,8.11; 11,17; 15,3; 16,7; 18,8; 19,6; 21,22; 22,5.6): das ist *Jahwe Elohim* (vgl. 1Mo 2), der Schöpfer in Beziehung zu seinen Geschöpfen. *Herr* oder *Jahwe* ist der Ewige, der Unveränderliche (vgl. Ps 102,27; 5Mo 32,39; 2Mo 3; Heb 13,8). Alle diese Eigenschaften werden sich auch im Gericht offenbaren; Er ist sich selbst in seiner Gerechtigkeit treu und befreit die Gottesfürchtigen von den Gottlosen.

Heuschrecken (9,3.7): Symbol für dämonische Mächte, Werkzeuge Satans. Sie kommen aus dem Rauch hervor, der die Menschen völlig verfinstert.

Horn (12,3; 13,1.11; 17,3.7.12.16): Das Horn ist ein Symbol für königliche Macht (vgl. 1Sam 2,10; Dan 7,24; Lk 1,69). Das Lamm hat 7 Hörner, vollkommene königliche Macht (5,6). Die 10 Hörner symbolisieren die Macht von 10 Königen (17,12). Sie werden ihre Macht dem Tier (Herrscher Europas) geben. Das 2. Tier aus der Erde hat 2 Hörner wie ein Lamm und gibt vor, der Messias zu sein, ist aber in Wirklichkeit der Antichrist (13,11).

Hörner des Altars (9,13): Das ist der Räucheraltar, der Altar der Fürbitte (2Mo 30,1–7; vgl. Offb 8,1–5). Aus den Hörnern des Räucheraltars kommt eine Stimme. Die Hörner symbolisieren die Kraft der Fürbitte. Gott antwortet auf den Racheruf der Märtyrer (6,10) und auf die Fürbitte Christi. Der Altar ist vor Gott, vor dem Thron Gottes.

Insel (6,14; 16,20): Handelsmacht (vgl. Jes 23,2; 40,15; 51,5; 60,9; Hes 26,18; 27,3.15; Zeph 2,11). Wenn Inseln gerichtet werden, brechen die weltweiten Wirtschaftsgefüge zusammen.

Jerusalem, das neue (3,12; 21,2): Die Gemeinde im Bild der Stadt Jerusalem. Jerusalem heißt *Besitz oder Gründung des Friedens.* Diese Stadt kommt aus dem Himmel hernieder, ohne auf die Erde zu kommen. Gott und das Lamm sind in der Stadt. Das neue Jerusalem ist die eigentliche Regierungsmetropole im Friedensreich und im ewigen Zustand. Sie ist zugleich die Braut, die Christus sich erworben hat. Er wird mit ihr im Friedensreich und im ewigen Zustand herrschen.

Jungfrauen (14,4): Bild der Reinheit, Zuneigung und Einfalt gegenüber Christus (vgl. 2Kor 11,2). Sie haben sich nicht mit Frauen befleckt, sondern sind dem Lamm gefolgt. Sie sind eine Erstlingsfrucht aus den Menschen und besonders aus Israel. Der Begriff „Jungfrauschaft" in 1. Korinther 7,36.37 bezieht sich sowohl auf Männer als auch auf Frauen.

Knecht (1,1; 2,20; 7,3; 10,7; 11,18; 19,2; 22,3.6): o. Sklave. Knechte tun den Willen Gottes und Jesu Christi. Der Herr Jesus hat die Offenbarung Gottes durch einen Engel (Mit*knecht* – Kap. 22,9) an seine Knechte gegeben, zuerst an Johannes, der selbst ein Knecht war (Offb 19,10).

Krone (2,10; 3,11; 4,4.10; 6,2; 9,7; 12,1; 14,14): griech. *stephanos,* auch Siegeskranz. Zeichen des Sieges oder der Königswürde. Die Krone des Lebens wird dem Märtyrer verheißen (2,10; vgl. Jak 1,12). Sie ist die Krönung des Lebens in der Auferstehung. Christus hat als Zeichen seiner Würde eine goldene Krone auf dem Haupt (14,14).

Lamm (5,6.8.12.13; 6,1.16; 7,9.10.14.17; 12,11; 13,8.11; 14,1.4.10; 15,3; 17,14; 19,7.9; 21,9.14.22.23.27; 22,1.3): griech. *ar-*

nion, eig. kleines Lamm. Das ist der gebräuchlichste Name des Herrn Jesus in der Offenbarung (29-mal). *Arnion* kommt sonst nur noch in Johannes 21,15 vor. Lamm (*amnos*) kommt vor in Joh 1,29.36; Apg 8,32; 1Pet 1,19. Als das „Lamm" ist Er der Erlöser (Joh 1,29), als das „kleine Lamm" der von den Menschen verachtete Jesus. Die Offenbarung zeigt uns den verachteten Jesus als den Richter der Erde. Er ist es, der die Erde und die Menschen auf ihr erkauft hat (5,6–10; vgl. 1Kor 6,20).

Leuchter, goldener (1,12.13.20; 2,1.5): Die 7 goldenen Leuchter sind ein Bild von einzelnen Gemeinden, die berufen sind, göttliche Herrlichkeit und Licht auf der Erde zu verbreiten, denn sie stehen auf der Erde. Als der Herr als Mensch auf der Erde war, war Er das Licht der Welt (Joh 8,12).

Löwe (5,5; 10,3): Der Löwe ist der König der Tiere (Spr 30,30) und daher ein Symbol für die Erhabenheit und Würde Christi als König. Er ist stärker als die Tiere in Kapitel 13. Der Löwe hat überwunden. Er wird die Erde von der Herrschaft der Sünde befreien. In Kapitel 10 ruft Christus, wie ein Löwe brüllt. Siehe die Prophezeiung auf den Herrn Jesus als der Löwe aus Juda (1Mo 49,8–12).

Malzeichen (13,16.17; 14,9.11; 16,2; 19,20; 20,4): Das Malzeichen ist ein Erkennungsmerkmal für die Loyalität von Menschen gegenüber dem Herrscher des Römischen Reiches. Ohne das Malzeichen kann niemand am Wirtschaftsgeschehen teilnehmen. Die beiden Tiere werden auch die absolute Kontrolle über das gesamte Wirtschaftsleben haben.

Meer (13,1): Im Allgemeinen ein Bild bewegter Menschenmassen, eines ungeordneten Zusammenlebens von Menschen; Bild der Unruhe (vgl. 17,15; Jes 57,20).

Meer, gläsernes (4,6; 15,2): Das Meer besteht nicht (mehr) aus Wasser, sondern aus Glas. Es ist keine Reinigung mehr erforderlich (vgl. 22,1). Im AT gab es das kupferne Meer, das Waschbecken der Priester (2Kön 25,13). Solange Gläubige noch auf der Erde sind, brauchen sie die Reinigung von Sünden (Eph

5,26). In Kapitel 15 ist das gläserne Meer mit Feuer vermischt; das bedeutet, dass Gott die Seinen häufig durch das Feuer von Verfolgungen und Bedrängnissen gereinigt hat, damit sie seiner Heiligkeit teilhaftig wurden (1Pet 1,6.7; 4,12.13).

Mond (6,12; 8,12; 12,1): Der Mond ist das Symbol für abgeleitete Autorität (vgl. Ps 89,34). In Kapitel 6,12 wird er zum verderbenbringenden Element, statt in der Nacht Orientierung zu geben. In Kapitel 12 ist der Mond unter den Füßen der Frau (Israel), die nach dem Plan Gottes einmal die höchste aller Nationen sein wird; dann unterstehen ihr alle Autoritäten.

Morgenstern (2,28; 22,16): Name für Christus, der vor den Gerichten zur Entrückung der Seinen kommt (2Pet 1,19; 1Thes 4,13ff.). Die Verheißung seines Kommens wird den Überwindern in Thyatira gegeben (2,28) und allen Gläubigen am Ende des Buches der Offenbarung (22,16).

Nikolaiten (2,6.15): von *Nikolaus,* d. h. Überwinder des Volkes. Sie teilten das Volk Gottes in einen geistlichen Stand (Priester) und in das allgemeine Volk (Laien) ein. Zuerst war das lediglich eine *Praxis* (2,6), später wurde es eine *Lehre* (2,15). Manche Ausleger meinen, dass die Nikolaiten die Gnade missbrauchten und böse Praktiken im Leben von Christen guthießen.

Offenbarung (1,1): griech. *apokalypsis.,* w. Enthüllung. Die Offenbarung ist durchweg in der Vergangenheitsform geschrieben: Für Gott ist die Zukunft gleichsam Vergangenheit. Die Offenbarung ist ein *enthülltes* und kein verschlüsseltes Buch (22,10).

Ölbäume (11,4): Bäume° sind Mächte (entweder Reiche oder Einzelpersonen). Öl ist ein Bild für den Heiligen Geist (vgl. die Salbung mit dem Heiligen Geist im NT – 1Joh 2,20; 2Kor 1,21.22). In Offenbarung 11 geht es um zwei Propheten, die in der Kraft des Heiligen Geistes weissagen; sie sind Zeugen für die Rechte Christi als König und Hoherpriester.

Pferd (6,2.4.5.8; 19,11.14): Das Pferd ist ein Symbol für die Ausübung göttlicher Macht im Gericht:

a) *weißes Pferd* (6,2; 19,11.14): *weiß* (o. leuchtend) ist die Farbe des Sieges. In Kapitel 6,2 geht es um einen siegreichen Eroberer; in Kapitel 19 sitzt der Herr Jesus auf einem weißen Pferd, so auch die Heere, die Ihm folgen.

b) *feuerrotes Pferd* (6,4): *feuerrot* wird nur noch in Verbindung mit dem Drachen in Kapitel 12,3 verwendet. Das Pferd hat die Farbe des Feuers; die Erde verbrennt durch Gericht. Wegnahme des Friedens: Die Menschen schlachten einander mit einem großen Schwert (eig. Schlachtmesser; Mt 10,34); Anarchie, Bürgerkriege, Terrorismus.

c) *schwarzes Pferd* (6,5): *schwarz* ist die Farbe des Todes und der Trauer (Jer 4,28; Hes 31,15).

d) *fahles Pferd* (6,8): *fahl* ist die Leichenfarbe. Der Tod sitzt auf dem Pferd, der Hades folgt ihm. Der vierte Teil der Erde kommt um: weltweites Massensterben durch (a) gewaltsamen Tod, (b) Hunger, (c) Pest (Seuchen) und (d) wilde Tiere (bestialische Grausamkeiten) – vgl. Hes 14,21.

Posaune (1,10; 4,1; 8,2–9,14; 10,7; 11,15): Der Herr Jesus hat eine laute Stimme wie die einer Posaune (1,10; 4,1). Bei den Gerichten sind die Posaunen ein Symbol für das deutlich vernehmbare Reden Gottes (vgl. „Stimmen der Posaunen“; 8,13). Die Posaunengerichte werden von der Welt als von Gott kommend erkannt (vgl. Offb 9,20), die Siegel-Gerichte geschehen hingegen in seiner Vorsehung.

Prophet, der falsche (16,13; 19,20; 20,10): Bezeichnung für den Antichrist, das zweite Tier aus der Erde (13,11–18). Aus dem Mund des Propheten kommen drei unreine Geister wie Frösche (16,13). Später ist er mit dem zehnköpfigen Tier zusammen in Harmagedon und wird vom Herrn in den Feuersee geworfen (19,20; 20,10). Verschiedene Bezeichnungen für den Antichrist sind:

a) *Das Tier aus der Erde*: (Offb 13,11–18); es hat Hörner wie ein Lamm, redet aber wie ein Drache.

b) *Antichrist*: So nennt Johannes ihn in seinen Briefen (1Joh 2,18.18.22; 4,3; 2Joh 7). Wörtlich heißt „Antichrist" *Gegen-Christus* oder *Anstelle-Christus*. Der Herr Jesus hat von ihm gesagt, dass er in seinem eigenen Namen kommen würde und dass die Juden ihn aufnehmen würden (Joh 5,43).

c) *Der König*: So wird er in Daniel 11,36–39 genannt. Er wird König in Israel sein und von den gottlosen Juden als der verheißene Messias angenommen werden (vgl. Jes 11,4; 30,33; 57,9; Dan 11,36; Zeph 3,15; Sach 11,17).

d) *Der Mensch der Sünde, der Sohn des Verderbens, der Gesetzlose*: So nennt Paulus ihn im 2. Brief an die Thessalonicher (2,3.8); er wird sich über alles erheben, was Gott heißt oder verehrungswürdig ist; er wird sich als Gott verehren lassen und sich in den Tempel setzen.

Räucherwerk (5,8; 8,3.4): Räucherwerk wurde von den Priestern im Heiligtum auf dem Räucheraltar dargebracht. Es ist ein Bild der Gebete (vgl. Ps 142,1: Off 5,8). In Offenbarung 5 haben die Ältesten Schalen voll Räucherwerk, das die Gebete der Heiligen sind. Diese Heiligen werden zur Zeit der Gerichte auf der Erde sehr bedrängt und verfolgt werden (vgl. 13,7–10). In Kapitel 8 fügt ein „anderer Engel°" (= Christus) den Gebeten der Heiligen Räucherwerk hinzu und gibt den Gebeten dadurch Kraft. Gott wird auf die Gebete antworten, den Gottesfürchtigen zu Hilfe kommen und die Feinde richten.

Regenbogen (4,3; 10,1): Symbol für die Barmherzigkeit Gottes, die auch während der Gerichte nicht aufhört. Durch die Gerichte wird die Erde von den Gottlosen gereinigt. Bei der Sintflut kamen alle Gottlosen um. Noah und seine Familie fanden Barmherzigkeit und wurden gerettet. Als Zeichen dafür, dass Gott die Erde nicht noch einmal durch eine weltweite Wasserflut vernichten würde, hat Er den Regenbogen gegeben (1Mo 9,12–17).

Rohr (11,1; 21,15.16): Das Rohr ist ein Messstab. Wenn Gott Anweisung zum Messen gibt, bestimmt Er das Gemessene für sich (Ps 16,6; Jes 34,17; Hes 40,3.5; Sach 2,6.12). Im neuen Jerusalem misst ein Engel die Tore und Mauern Jerusalems mit einem *goldenen* Rohr.

Rute, eiserne (2,27; 12,5; 19,15): Die Rute ist ein Symbol für die machtvolle Niederwerfung von Feinden (vgl. Ps 2, der prophetisch vom Messias handelt). Der Überwinder aus Thyatira hat an der Herrschaft des Herrn Jesus teil (2,27).

Schalen, goldene (5,8; 15,7): In goldenen Schalen bringen die Priester Gott und dem Lamm Räucherwerk° dar (5,8). Auch der Grimm Gottes ist in goldenen Schalen (15,7).

Schiffe (8,9; 18,19): Symbol für Wohlstand, der durch Handel erworben wird.

Schwert, scharfes, zweischneidiges (1,16; 2,12.16; 19,15.21): das scharfe, zweischneidige Schwert kommt aus dem Mund Jesu. Es ist sein Wort, womit Er richtet (Joh 12,47; Heb 4,12).

Sohn des Menschen (1,13; 14,14): Name Christi; während seines Erdenlebens war Er der Verworfene (Mt 8,20), in Zukunft wird Er als Sohn des Menschen nicht nur über Israel, sondern über die gesamte Schöpfung herrschen (Mt 24,30; 26,64; vgl. Ps 8,4). Als Sohn des Menschen ist Er auch der Richter (Apg 17,31; Joh 5,27; 12,34–36).

Sonne (1,16; 6,12; 7,16; 12,1; 17,19): Die Sonne ist das Symbol für höchste Autorität (Mal 4,2), daher leuchtet das Angesicht Christi wie die Sonne (1,16). In Kapitel 6,12 ist die Sonne das Symbol für die höchste *irdische* Autorität, die verdunkelt wird. Die Gestirne dienen der Ordnung und Orientierung (1Mo 1,14–18). In Kapitel 12 ist die Frau (Israel) mit der Sonne bekleidet. Israel wird im Friedensreich die Führungsnation der Erde sein.

Stein, weißer (2,17): Früher gab man bei einer Wahl einem Kandidaten mit einem weißen Stein seine Stimme. In Kapitel 2 drückt der Stein die Wertschätzung Christi für den Gläubigen aus. Auf dem Stein steht ein neuer Name, den nur der Empfänger des Steines kennt. Es ist nicht eindeutig, ob auf dem Stein ein neuer Name Christi steht oder ein neuer Name des Gläubigen; in beiden Fällen geht es um eine persönliche Beziehung zwischen Christus und dem Gläubigen.

Sterne des Himmels (6,13; 12,4): Sterne scheinen am Himmel und geben in der Nacht Orientierung. Der Himmel ist der Ort der Regierung (Dan 4,26). Sterne sind Symbole für führende Persönlichkeiten im öffentlichen Leben (Politik, Kirche, Kultur und Wirtschaft).

Sterne, sieben (Engel) (1,16; 1,20; 2,1ff.): Die 7 Sterne sind in der Rechten des Herrn Jesus, außerdem sind sie Engel. Engel repräsentieren oft Gott als seine Boten vor Menschen; in Kapitel 1 sind sie die Repräsentanten der Gemeinde vor Gott; sie sind für den Zustand der Gemeinde verantwortlich.

Strom (12,15.16): Manchmal Symbol für eine gewaltige Heeresmacht, so die assyrische Armee (Jes 8,7.8; 28,15.18; Dan 9,27); jedenfalls ein Bild für eine feindliche Macht.

Strom von Wasser des Lebens (22,1): Der Strom von Wasser des Lebens kommt aus dem Thron Gottes und des Lammes hervor (vgl. Hes 47,1–12). Er ist ein Bild des Segens als Folge der Regierung Gottes und des Lammes. Der Strom dient der Erquickung. In Kapitel 4,5 kamen Blitze, Stimmen und Donner aus dem Thron hervor, nach den Gerichten kann sich der Strom des Segens ergießen.

Ströme und Wasserquellen (8,10; 16,4): Die Brunnen der Erfrischung versiegen, natürliche Segnungen werden zu Quellen tödlichen Verderbens.

Tage, 1260 (11,3; 12,6): Das ist die Zeit der großen Drangsal (42 Monate, 3½ Jahre), die Zeit der letzten 3½ Jahre vor dem Friedensreich. Gott bewahrt während dieser Zeit sowohl die beiden Zeugen als auch einen Überrest aus dem Volk Israel; jeder einzelne Tag der Bedrängnis zählt bei Gott.

Teil, dritter (8,7–12; 9,15.18; 12,4): Drei ist hauptsächlich die Zahl° Gottes, seiner Offenbarung. Gott ist der dreieine Gott; die Macht Gottes hat sich in der Auferstehung des Sohnes Gottes erwiesen, der am 3. Tag auferstanden ist. – Gott hat sich im Besonderen in dem Gebiet offenbart, wo die Christenheit ist; daher hat der dritte Teil der Menschen Bezug auf den Teil der Bewohner der Erde, die Gottes Offenbarung kennen, aber schließlich von Gott abfallen, die abgefallene Christenheit (1.–4. Posaune). – In Kapitel 12,4 zieht der Drache den dritten Teil der Sterne° mit sich fort: Dort geht es um führende Persönlichkeiten innerhalb der abgefallenen Christenheit.

Tempel (3,12; 7,15; 11,1.2.19; 14,15.17; 15,5.6.8; 16,1.17; 21,22): Im Alten Testament war der Tempel der Wohnort Gottes. Im Allerheiligsten des Tempels stand die Bundeslade°, die auch Thron Gottes genannt wird. Der „Tempel der Hütte des Zeugnisses" war das Allerheiligste in der Stiftshütte.

Teufel (2,10; 12,9.12; 20,2.10): siehe *Drache*.

Thron (4,2; 16,17): Der Thron ist das Symbol für die Regierung Gottes, die zuerst Gericht und schließlich Segen zur Folge hat. Der Thron kommt 47-mal in der Offenbarung vor. Während der Gerichte ist der Thron Gottes von 24 Thronen umgeben, auf denen die Ältesten° sitzen.

Thron des Satans (2,13): Der Thron Satans ist der Ort, wo Satan seine Macht ausübt. Er ist der Fürst dieser Welt (Joh 12,31; 14,30; 16,11). Die Welt ist das organisierte Zusammenleben der Menschen, deren Oberster Satan ist. Bei der Versuchung des Herrn Jesus sagte der Teufel zu Ihm, dass er Ihm alle Reiche der Welt geben wolle, wenn er Ihn anbeten würde (Mt 4,8.9); andererseits gibt es keine Regierung, außer von Gott (Röm 13,1). Dem Tier in der Offenbarung wird der Drache seine Macht und seinen Thron und große Gewalt geben (Offb 13,2).

Tore Jerusalems (21,12–25; 22,14): Das neue Jerusalem hat 12 Tore, wodurch Kontakt zur Außenwelt möglich ist. Tore sind auch ein Bild von Macht und Gericht (1Mo 22,17; Rt 3,11; 1Mo 19,1; Ps 69,12; Dan 2,49; Am 5,10.12.15). Auf den Toren des neuen Jerusalem stehen die 12 Namen der Stämme der Söhne Israels. Früher war es üblich, dass Tore Städtenamen hatten, in deren Richtung die entsprechenden Wege führten. Daher ist der Segen der Stadt in erster Linie für Israel bestimmt (vgl. Hes 48,30–35: 2Mo 28,21; 39,14).

Versuchung, Stunde der (3,10): Eine Zeit der Erprobung für die gesamte Erde, es ist die Zeit zwischen der Entrückung (1Thes 4,14–18) und dem Friedensreich, die insgesamt 7 Jahre dauert. Die große Drangsal° umfasst nur die letzten 3½ Jahre dieser Zeit. Philadelphia wird verheißen, dass es *vor* dieser Zeit bewahrt wird.

Waage (6,5): Symbol für die Rationierung von Nahrungsmitteln; die Folge sind Hungersnöte (3Mo 26,26; Hes 4,16). Die Lebensmittel werden abgewogen: Ein Chönix (ca. 1 Liter) Weizen ist so teuer, dass ein Brot ca. € 50,-- kostet; ein Gerstenbrot kostet dann € 16,--: ein Denar war der Arbeitslohn für einen Tag (Mt 20,2).

Wasserquellen: siehe Ströme.

Weinstock der Erde (14,18.19): Beim Weinstock geht es um das Gericht an den gottlosen Juden; sie werden endgültig zertreten, wahrscheinlich zusammen mit dem Antichrist (19,15.17.18). Das Treten der Kelter bedeutet die vollständige Vernichtung (Jes 24,13; 63,2.3; Jer 25,30; Klgl 1,15; Joel 3,13; Offb 19,15).

Wesen, lebendige (4,6–9; 5,6–14; 6,1–6; 7,11; 14,3; 15,7; 19,4): Symbole für die Gerichte Gottes. Die lebendigen Wesen haben sowohl Eigenschaften der Cherubim (Hes 1) als auch der Seraphim (Jes 6). *Cherubim* führen die Gerichte Gottes aus (1Mo 3,24). Hesekiel sah, wie die Cherubim sich erhoben und schließlich die Stadt verließen. *Seraphim* sind Wächter der Heiligkeit Gottes (Jes 6,2.6). In der folgenden Tabelle kann man sehen, dass es eine Parallele zwischen dem Charakter der lebendigen Wesen und der Beschreibung Christi in den vier Evangelien gibt:

Tier	Bedeutung	Evangelium	Charakter Christi
Löwe	Kraft und Majestät (Spr 30,30)	**Matthäus**	der König Israels
Kalb	Beharrlichkeit, Geduld, Ausdauer (1Kor 9,9)	**Markus**	der treue Diener
Mensch	Klugheit, Einsicht (Köpfe in Kap. 13), Menschlichkeit	**Lukas**	der Sohn des Menschen
Adler	Schnelligkeit, Himmel als Lebensraum	**Johannes**	der Mensch vom Himmel, der Sohn Gottes

Winde der Erde, vier (7,1): Winde sind Einflüsse des Himmels auf die Erde mit zum Teil katastrophalen Auswirkungen. Sie können ein Bild von geistigen Strömungen sein, die zu Revolten führen, die Gott zum Gericht gebraucht. In Daniel 7,2 sind es die Winde *des Himmels*, wodurch neue Weltreiche entstehen. Die Winde werden auf die Erde, das Meer° und über die Bäume° losbrechen.

wohnen, die auf der Erde (3,10; 8,13; 11,10; 13,8.12.14; 17,2.8): Damit werden Menschen bezeichnet, die auf der Erde *ansässig* sind und für die die Erde alles bedeutet. Die wahren Christen sind sich hingegen ihrer himmlischen Berufung und Stellung bewusst; sie leben als Fremde auf der Erde. Die auf der Erde Wohnenden sind daher die Menschen, die schließlich die abgefallene Christenheit bilden; ihre Namen sind nicht im Buch des Lebens angeschrieben (17,8).

Wolke (1,7; 10,1; 11,12; 14,14–16): Zeichen der Gegenwart Gottes. Gott kam in einer Wolke (Schechina) in die Mitte des Volkes Israel. Die Wolke führte das Volk durch die Wüste und zog nach der Errichtung der Stiftshütte darin ein (2Mo 40,35; Mt 17,5); später wohnte Gott durch die Wolke im Tempel (1Kön 8,10.11; Hes 10,4; vgl. Jes 4,5; 19,1).

Wurzel Davids (5,5; 22,16): Christus als Ursprung der königlichen Linie Davids. Zugleich ist Er der *Sohn Davids*, in dem alle Verheißungen an David ihre Erfüllung finden. Als Sohn Davids wird Er über Israel herrschen und werden Ihm alle Völker unterworfen sein (Ps 72). Er ist auch der Wurzelspross (vgl. Jes 11,1–10); das hebr. Wort bedeutet zugleich *Wurzel* und *Wurzelspross*.

Wüste (12,6.14; 17,3): Manchmal ein Bild für Völker, so z. B. „Wüste der Völker“ in Hesekiel 20,35; ein Ort ohne Wasser, ohne Erfrischung (Ps 63,1; Ps 42,1.2.6).

Zahlen, Bedeutung der:

1	Einzigartigkeit, Einheit, Eintracht, Quelle, Ratschluss, Verheißung. In erster Linie Bezug auf Gott selbst (5Mo 6,4; Sach 14,9)
2	Verschiedenheit, Teilung, Gemeinschaft, Hilfe, Zeugnis; negativ: Zwietracht, Feindschaft
3	Das Wesen einer Sache, Wirklichkeit, Offenbarung; Dreieinheit Gottes; Auferstehung, Heiligtum, Himmel, Nähe Gottes (vgl. dritter Himmel - 2Kor 12,2)
4	Irdische Universalität, 4 Weltreiche; 4 Evangelien; Erprobung, Wüste, Erfahrung

5	Verantwortung; 5 Finger, Zehen und Sinnesorgane
6	Böses, Sünde; Unvollständigkeit; Zahl des Tieres (666), der Riese Goliath hatte eine Größe von 6 Ellen; die Verlassenheit Christi am Kreuz begann zur 6. Stunde; als Folge der Sünde hing Er 6 Stunden am Kreuz
7	Vollständigkeit, Vollkommenheit: 7 Siegel, 7 Posaunen, 7 Schalen; 7 Gleichnisse; negativ: 7 böse Geister (Mt 12,45); 7 Köpfe
8	Neuanfang; erster Tag einer neuen Woche
9	3 x 3: intensive Offenbarung: das NT hat 3 x 3 x 3 (= 27) Bücher. Ausruf Christi zur 9. Stunde: „Es ist vollbracht"
10	2 x 5: intensive Verantwortung: 10 Gebote; Erprobung: 10 Tage Drangsal
12	3 x 4: Gott (3) handelt mit der Erde (4) und offenbart dadurch seine Gerechtigkeit: die Verwaltung, Regierung Gottes; 12 Stämme Israels, 12 Apostel, im neuen Jerusalem vielfaches Vorkommen der Zahl 12

Zion (14,1): Auf dem Berg Zion erbaute David die Burg Zion, das Regierungsgebäude. Der Berg Zion ist ein Symbol für das Königtum Davids (siehe Ps 78,65–70; 132,13.14.17). Erste Erwähnung in 2. Samuel 5,7, wo David König über ganz Israel wurde. Die 144.000 Erlösten auf dem Berg Zion in Offenbarung 14 werden mit dem Herrn an der Regierung beteiligt sein.

Anhang 2 – Überblick über die Offenbarung

Einleitung 1,1-18				
A				**Was du gesehen hast (1,9-20)**
B				**Was ist - die Sendschreiben (2,1-3,22)**
			1	Ephesus (2,1-7)
			2	Smyrna (2,8-11)
			3	Pergamus (2,12-17)
			4	Thyatira (2,18-29)
			5	Sardes (3,1-6)
			6	Philadelphia (3,7-13)
			7	Laodizea (3,14-22)
C				**Was nach diesem geschehen wird (4,1-22,21)**
	I.			**Die Szene im Himmel (4 und 5)**
		a		Der Thron im Himmel (4)
		b		Das Lamm und die Buchrolle (5)
	II.			**Die sieben Siegel (6,1-8,2)**
		a		Die ersten vier Siegel (6,1-8)
			1	Erstes Siegel: das weiße Pferd (6,1.2)
			2	Zweites Siegel: das feuerrote Pferd (6,3.4)
			3	Drittes Siegel: das schwarze Pferd (6,5.6)
			4	Viertes Siegel: das fahle Pferd (6,7.8)
		b		Die letzten drei Siegel (6,9-8,2)
			5	Fünftes Siegel: die Seelen unter dem Altar (6,9-11)
			6	Sechstes Siegel: die große Verwirrung (6,12-17)

1. Einschub: Die Erlösten aus Israel und den Völkern (7)
a) die 144.000 Versiegelten aus Israel (7,1-8)
b) die große Volksmenge aus den Völkern (7,9-17)

			7	Siebtes Siegel: sieben Engel mit 7 Posaunen (8,1.2)

2. Einschub: Die Fürbitte im Himmel (8,3–5)

	III.			**Die sieben Engel mit sieben Posaunen (8,6–11,18)**
		a		Die ersten vier Posaunen (8,6–13)
			1	Erste Posaune: die Erde (8,7)
			2	Zweite Posaune: das Meer (8,8.9)
			3	Dritte Posaune: Flüsse und Quellen (8,10.11)
			4	Vierte Posaune: Sonne, Mond und Sterne (8,12)
		b		Die letzten drei Posaunen: („3 x Wehe") (8,13–11,18)
			5	Fünfte Posaune: (erstes Wehe): die Heuschrecken (9,1–12)
			6	Sechste Posaune: (zweites Wehe): Engel am Euphrat (9,13–21)

3. Einschub: a) Das geöffnete Büchlein (10) b) Die beiden Zeugen (11,1–13)

			7	Siebte Posaune: (drittes Wehe) Ankündigung des Reiches Christi (11,14–18)

4. Einschub: Die drei Zeichen im Himmel (11,19–15,4) 1. erstes Zeichen: die Frau und ihr Sohn (11,19–12,18) 2. zweites Zeichen: die drei Tiere (12,3–13,18) a) der Drache (12,3–18) b) das Tier aus dem Meer (13,1–10) c) das Tier aus der Erde (13,11–18) Untereinschub: Sieben Szenen aus der großen Drangsal (14) 3. drittes Zeichen: die Überwinder (15,1–4)

	IV			**Die sieben Schalen oder letzten Plagen (15,5–16,21)**
		a		Die ersten vier Schalen (15,5–16,9)
			1	Die erste Schale: über die Erde (16,2)
			2	Die zweite Schale: über das Meer (16,3)

			3	Die dritte Schale: über die Flüsse und Quellen (16,4–7)
			4	Die vierte Schale: über die Sonne (16,8.9)
		b		Die letzten drei Schalen (16,10–21)
			5	Die fünfte Schale: über den Thron des Tieres (16,10.11)
			6	Die sechste Schale: über den Euphrat (16,12)

5. Einschub: Harmagedon (16,13–16)

			7	Die siebte Schale: in die Luft (16,17–21)

6. Einschub: Die falsche und die wahre Braut (17,1–19,10) a) Babylon, die große Hure (17) b) Babylon, die große Stadt (18,1–19,5) Die Hochzeit des Lammes (19,6–10)

	V.			**Die Vollendung (19,11–21,8)**
		a		Vor den tausend Jahren (19,11–20,6)
			1	Die Erscheinung Christi (19,11–16)
			2	Die Gerichte Christi (19,17–21)
			3	Der Drache gebunden (20,1–3)
			4	Die erste Auferstehung vollendet (20,4–6)
		b		Nach den tausend Jahren (20,7–21,8)
			5	Gog und Magog (20,7–10)
			6	Der große weiße Thron (20,11–15)
			7	Der neue Himmel und die neue Erde (21,1–8)

7. Einschub: Die Braut des Lammes, das himmlische Jerusalem (21,9–22,5)

AUSKLANG (22,6–21)

Nach W. J. Ouweneel, *Das Buch der Offenbarung* (CLV) 1995, S. 39–41.

Anhang 3 – Reihenfolge der prophetischen Ereignisse

Mit diesem Anhang soll die mögliche Reihenfolge der künftigen Ereignisse in einem kurzen Überblick gezeigt werden:[56]

1. Entrückung der Gemeinde Jesu Christi
2. Beginn der letzten Jahrwoche (= 7 Jahre) Daniels, die die 3½ Jahre der großen Drangsalszeit einschließt
3. Die ersten 3½ Jahre sind eine Zeit schrecklicher Katastrophen (Mt 24,4–13; Offb 6)
4. Während dieser Zeit wird das Evangelium des Reiches weltweit verkündigt (Mt 24,14)
5. Zur Mitte der Woche wird Satan aus dem Himmel geworfen (Offb 12,7–12)
6. Damit beginnen die zweiten 3½ Jahre, die große Drangsal
7. Zugleich empfängt der Führer Europas von Satan seinen Thron und Gewalt, für 3½ Jahre zu wirken (Offb 13,4.5)
8. Der Antichrist stellt den Gräuelgötzen im Tempel auf (Mt 24,15; Offb 13,14.15), setzt sich selbst in den Tempel und lässt sich als Gott anbeten (2Thes 2,3.4)
9. Für gottesfürchtige Juden aus Judäa ist das das Zeichen, in die umliegenden Berge zu fliehen (Mt 24,16)
10. Gott erweckt sich zwei treue Zeugen, die während der 3½ Jahre der großen Drangsal in Jerusalem wirken und außergewöhnliche Wunder verrichten – am Ende dieser Zeit werden sie ermordet; sie werden aber nach 3½ Tagen wieder auferstehen (Offb 11,3–13)
11. Babylon, die abgefallene „Endzeitkirche" (im Bild der Hure), wird vernichtet (Offb 17)
12. Die 7 Posaunengerichte treffen hauptsächlich das Gebiet Europas, also die ehemalige Christenheit (Offb 8; 9)

[56] Für eine weiter gehende Beschäftigung mit der Prophetie siehe mein Buch *Tausend Jahre Frieden*, Lychen (Daniel-Verlag), 2004, aus dem diese Zusammenfassung entnommen ist.

13. Mit sieben Schalengerichten wird der Grimm Gottes ausgegossen – bei der sechsten Schale trocknet der Euphrat aus, so dass Kriegsheere von Osten heranrücken können (Offb 16)
14. Das Gericht an der Stadt Babylon als Wirtschaftsmacht findet statt (Offb 18)
15. Dann folgen die letzten Kämpfe um Jerusalem: Ägypten greift Israel zuerst an, dann fällt der König des Nordens in Israel ein, erobert Jerusalem und zieht weiter nach Ägypten (Dan 11,40–45)
16. Die Könige des Erdkreises (= Gebiet des Römischen Reiches) werden nach Harmagedon versammelt (Offb 16,14–16)
17. Im Himmel findet die Hochzeit des Lammes statt (Offb 19,6–9)
18. Christus kommt, begleitet von den Seinen, aus dem Himmel hernieder (Offb 19,11–16)
19. Schlacht bei Harmagedon, wo Christus die beiden Tiere (den Herrscher Europas und den Antichrist) in den Feuersee wirft und die Könige Europas und ihre Armeen mit dem Schwert aus seinem Mund tötet (Offb 19,17–21)
20. Die Besatzungsmacht Jerusalems und die Feinde Israels werden geschlagen (Sach 12; 14)
21. Edom wird zusammen mit anderen Königen gerichtet (Jes 34; 63)
22. Russische Heere fallen in Israel ein und werden vernichtet (Hes 38; 39)
23. Gericht an den gottlosen Juden (Offb 14,17–20)
24. Gericht an den Lebendigen (Mt 25,31–46)
25. Satan wird für 1000 Jahre gebunden (Offb 20,1–3)
26. Abschluss der ersten Auferstehung (Offb 20,4–6)
27. Rückkehr der Juden, die während der Drangsalszeit geflohen sind (Ps 122)
28. Rückkehr der 10 Stämme Israels aus allen Völkern (Hes 20,34–38)
29. Wiederaufbau Jerusalems (Jes 65,17ff.; Sach 8)
30. Errichtung des Tempels und Einrichten des Opferdienstes (Hes 40–48)
31. Rückkehr der Herrlichkeit Gottes (Hes 43,1–9)

Anhang 4 – Namen Jesu in der Offenbarung

	Namen Jesu	Anzahl	Bibelstellen
1.	Jesus Christus	4	1,1.2.5.9
2.	Der treue Zeuge	1	1,5
3.	Der Erstgeborene aus den Toten	1	1,5
4.	Der Fürst der Könige der Erde	1	1,5
5.	Das Alpha und das Omega	3	1,8; 21,6; 22,13
6.	Jesus	8	1,9; 12,17; 14,12; 17,6; 19,10.10; 20,4; 22,16
7.	Der Herr	2	1,10; 12,13
8.	Einer gleich dem Sohn des Menschen	2	1,13; 14,14
9.	Der Erste und der Letzte	3	1,17; 2,8; 22,13
10.	Der Lebendige	3	1,18; 4,9.10
11.	Der die sieben Sterne in seiner Rechten hält	1	2,1
12.	Der das scharfe zweischneidige Schwert hat	1	2,12
13.	Der Sohn Gottes, der Augen hat wie eine Feuerflamme	1	2,18
14.	Der Morgenstern	2	2,28; 22,16
15.	Der die sieben Geister Gottes hat	1	3,1
16.	Der Heilige und Wahrhaftige	1	3,7
17.	Der Amen	1	3,14
18.	Der treue und wahrhaftige Zeuge	1	3,14
19.	Der Anfang der Schöpfung Gottes	1	3,14
20.	Der Löwe aus dem Stamm Juda	1	5,5

21.	Die Wurzel Davids	2	5,5; 22,16
22.	Das Lamm	27	5,6.8.12.13; 6,1.16; 7,9.10.14.17; 12,11; 13,8; 14,1.4.4.10; 15,3; 17,14.14; 19,7.9; 21,9.14.22. 23.27; 22,1.3
23.	Ihr Herr (der Zeugen)	1	11,8
24.	Sein Christus	2	11,15; 12,11
25.	Ein männlicher Sohn ...	1	12,5
26.	Das männliche Kind	1	12,13
27.	Der auf der Wolke saß	2	14,15.16
28.	Herr der Herren	2	17,14; 19,16
29.	König der Könige	2	17,14; 19,16
30.	Treu und Wahrhaftig	1	19,11
31.	Das Wort Gottes	1	19,13
32.	Der Christus	2	20,4.6
33.	Der auf dem Thron saß	1	21,5
34.	Der Anfang und das Ende	2	21,6; 22.13
35.	Der Wurzelspross Davids	1	22,16
36.	Herr Jesus	1	22,2
37.	Der Herr Jesus Christus	1	22,21
	Insgesamt	89	

Anhang 5 – Stellen zum Lobpreis Gottes und des Lammes

1,5.6	Dem, der uns liebt und uns von unseren Sünden gewaschen hat in seinem Blut und uns gemacht hat zu einem Königtum, zu Priestern seinem Gott und Vater: Ihm sei die Herrlichkeit und die Macht von Ewigkeit zu Ewigkeit! Amen.
4,8–11	Heilig, heilig, heilig, Herr, Gott, Allmächtiger, der da war und der da ist und der da kommt! Und wenn die lebendigen Wesen Herrlichkeit und Ehre und Danksagung geben werden dem, der auf dem Thron sitzt, der da lebt von Ewigkeit zu Ewigkeit, dann werden die vierundzwanzig Ältesten niederfallen vor dem, der auf dem Thron sitzt, und den anbeten, der da lebt von Ewigkeit zu Ewigkeit, und werden ihre Kronen niederwerfen vor dem Thron und sagen: Du bist würdig, o unser Herr und unser Gott, zu empfangen die Herrlichkeit und die Ehre und die Macht; denn du hast alle Dinge erschaffen, und deines Willens wegen waren sie und sind sie erschaffen worden.
5,9.10	Und sie singen ein neues Lied: Du bist würdig, das Buch zu nehmen und seine Siegel zu öffnen; denn du bist geschlachtet worden und hast für Gott erkauft, durch dein Blut, aus jedem Stamm und jeder Sprache und jedem Volk und jeder Nation, und hast sie unserem Gott zu einem Königtum und zu Priestern gemacht, und sie werden über die Erde herrschen
5,12–14	Würdig ist das Lamm, das geschlachtet worden ist, zu empfangen die Macht und Reichtum und Weisheit und Stärke und Ehre und Herrlichkeit und Segnung. Und jedes Geschöpf, das in dem Himmel und auf der Erde und unter der Erde und auf dem Meer ist, und alles, was in ihnen ist, hörte ich sagen: Dem, der auf dem Thron sitzt, und dem Lamm die Segnung und die Ehre und die Herrlichkeit und die Macht von Ewigkeit zu Ewigkeit! Und die vier lebendigen Wesen sprachen: Amen! Und die Ältesten fielen nieder und beteten an.
7,10–12	Und sie rufen mit lauter Stimme und sagen: Das Heil sei unserem Gott, der auf dem Thron sitzt, und dem Lamm! Und alle Engel standen um den Thron her und um die Ältesten und die vier lebendigen Wesen, und sie fielen vor dem Thron auf ihre Angesichter und beteten Gott an und sagten: Amen! Die Segnung und die Herrlichkeit und die Weisheit und die Danksagung und die Ehre und die Macht und die Stärke sei unserem Gott von Ewigkeit zu Ewigkeit! Amen.

11,16–18	Und die vierundzwanzig Ältesten, die vor Gott auf ihren Thronen sitzen, fielen auf ihre Angesichter und beteten Gott an und sprachen: Wir danken dir, Herr, Gott, Allmächtiger, der da ist und der da war, dass du deine große Macht angenommen und die Herrschaft angetreten hast! Und die Nationen sind zornig geworden, und dein Zorn ist gekommen und die Zeit der Toten, gerichtet zu werden, und den Lohn zu geben deinen Knechten, den Propheten, und den Heiligen und denen, die deinen Namen fürchten, die Kleinen und die Großen, und die zu verderben, die die Erde verderben.
14,3	Und sie singen ein neues Lied vor dem Thron und vor den vier lebendigen Wesen und den Ältesten; und niemand konnte das Lied lernen als nur die 144.000, die von der Erde erkauft waren.
15,3.4	Und sie singen das Lied Moses, des Knechtes Gottes, und das Lied des Lammes und sagen: Groß und wunderbar sind deine Werke, Herr, Gott, Allmächtiger, gerecht und wahrhaftig deine Wege, o König der Nationen! Wer sollte nicht dich, Herr, fürchten und deinen Namen verherrlichen? Denn du allein bist heilig; denn alle Nationen werden kommen und vor dir anbeten, denn deine gerechten Taten sind offenbar geworden.
19,1-7	Halleluja! Das Heil und die Herrlichkeit und die Macht unseres Gottes! Denn wahrhaftig und gerecht sind seine Gerichte; denn er hat die große Hure gerichtet, die die Erde mit ihrer Hurerei verdorben hat, und hat das Blut seiner Knechte gerächt an ihrer Hand. Und zum anderen Mal sprachen sie: Halleluja! Und ihr Rauch steigt auf von Ewigkeit zu Ewigkeit. Und die vierundzwanzig Ältesten und die vier lebendigen Wesen fielen nieder und beteten Gott an, der auf dem Thron sitzt, und sagten: Amen, Halleluja! Und eine Stimme kam aus dem Thron hervor, die sprach: Lobt unseren Gott, alle seine Knechte und die ihr ihn fürchtet, die Kleinen und die Großen! – Und ich hörte wie eine Stimme einer großen Volksmenge und wie ein Rauschen vieler Wasser und wie ein Rollen starker Donner, die sprachen: Halleluja! Denn der Herr, unser Gott, der Allmächtige, hat die Herrschaft angetreten. Lasst uns fröhlich sein und frohlocken und ihm die Ehre geben; denn die Hochzeit des Lammes ist gekommen, und seine Frau hat sich bereitet.

Anhang 6 – Weiterführende Literatur zur Offenbarung

Deutsch

Briem, Ch., *Ich sah den Himmel geöffnet – Offenbarung, Kapitel 19–22*, Hückeswagen (CSV) 1996
Hole, F.B., *Grundzüge des Neuen Testaments Band 6 – Johannesbriefe, Judasbrief, Offenbarung*, Hückeswagen (CSV) 1991
Kelly, W., *Die Offenbarung* , Neustadt (Ernst-Paulus-Verlag) 1987
MacDonald, W., *Kommentar zum Neuen Testament*, Bielefeld (CLV) 2001
Ouweneel, W.J., *Das Buch der Offenbarung*, Bielefeld (CLV) 1995
Peters, B., *Geöffnete Siegel – Leitlinien der Zukunft im Buch der Offenbarung*, Bielefeld (Betanien) 2002
Rossier, H., *Die symbolische Sprache der Offenbarung*, Neustadt (Ernst-Paulus-Verlag) 1972
Scott, W., *Die Offenbarung*, Neustadt (Ernst-Paulus-Verlag) 2004
Smith, Hamilton, *Die Offenbarung besser verstehen*, Zürich (Beröa) 1993

Englisch

Kelly, W., *Lectures on the Book of Revelation*, London (G. Morrish) o.J.
Dennett, E., *The Visions of John in Patmos*, Oak Park, Illinois (Bible Truth Publishers) o.J.
Scott, W., *Exposition of the Revelation of Jesus Christ*, London (Pickering & Inglis Ltd.) o.J.